Titu Kusi Yupanki

Der Kampf gegen die Spanier

Südamerika
CHINCHAY-SUYU
ANTI-SUYU
WANKA
PILLKOSUNI
CAMPA
SATI
Pazifischer
Ozean
Jauja
Rimac
LIMA
Pachacamac
Nantaro
Huayucachi
Llaqsapallanqa
Wari Willka
Acostambo
Apurímac
Urubamba
Vilcabamba
Chuquichaca-
Brücke
Pampaconas
Vitcos
Cañete
Vinchos
Huamanga
(Ayacucho)
Pampas
Orongoy
Onqoy
Ollantaytambo
Calca
Maras
Yucay
Vilcaconga
Saqsawaman
CUSCO
Chincha
Pampas
Vilcashuaman
Andahuaylas
Abancay
Pisco
Capi

Titu Kusi Yupanki

Der Kampf gegen die Spanier

Ein Inka-König berichtet

Herausgegeben, mit einer Einführung versehen
und aus dem Spanischen übersetzt von Martin Lienhard

Patmos

Die Illustrationen dieses Buches stammen aus einer zwischen 1587 und 1615 entstandenen Chronik des Ketschua-Indianers Guaman Poma de Ayala.

Bibliographische Information Der Deutschen Bibliothek
Die Deutsche Bibliothek verzeichnet diese Publikation in der Deutschen Nationalbibliographie; detaillierte bibliographische Daten sind im Internet über http://dnb.ddb.de abrufbar.

Titel der 1985 im Walter Verlag erschienenen Ausgabe:
Die Erschütterung der Welt

Umschlaggestaltung: H. O. pinxit
Umschlagmotiv: Tupaq Amaru, der letzte Inka-Herrscher; nach einem Gemälde der Cusco-Schule (18./19. Jahrhundert), Original im Museo Nacional, Lima (Peru).
Printed in Germany
ISBN 3-491-69103-6
www.patmos.de

Inhalt

IV Der große Aufstand: die Indianer belagern Cusco 92

V Der lange Marsch Manko Inkas 119

Titu Kusi Yupanki:
Herrscher und Chronist

Das „Vierzonenreich" (Tawantin-Suyu) der Inka

Vilcabamba, Februar 1570. Vilcabamba: an die vierhundert, teilweise prachtvolle steinerne Paläste, Tempel, Häuser, inmitten der üppig wachsenden grünen Vegetation und den hohen Stämmen des tropischen Regenwaldes. *Willka Pampa:* eine «heilige Ebene» in einem tiefeingeschnittenen, fruchtbaren Tal der östlichen Andenabhänge, etwa 1000 Meter über dem Meer in der bergigen Landschaft zwischen den großen Flüssen Apurímac und Urubamba, im Gebiet der *Campa*-Indianer. Vilcabamba: seit 1539, dem siebten Jahr nach der Ankunft der Spanier in Peru, die zweite Hauptstadt der Inka, der Herrscher-Dynastie aus dem kühlen Hochland – «ein zweites Cusco», wie es der indianische Chronist Guaman Poma de Ayala dreißig Jahre später treffend ausdrückt. Aber der *Tawantin-Suyu,* das «Vierzonenreich», ist auf den *Anti-Suyu* zusammengeschmolzen, auf die Zone der *Anti* (die den Anden ihren Namen geliehen haben): ein den Inka früher nicht geheures Gebiet, bewohnt von den angeblich menschenfressenden Völkern Amazoniens, deren «Provinzen» oder Namen ihr Herrscher Titu Kusi Yupanki in einem Brief wie eine Litanei aufzählt: Vitcos, Manari, Sicuane, Chacumanchay, Nigrias, Opatari, Paucarmayo, Pilcozuni, Ruparupa, Guaranipa, Peati, Chiranaua, Chiponaua...
Unter spanischer Kontrolle stehen hingegen die drei übrigen, weitaus dichter bevölkerten Andenzonen: im Nordwesten der *Chinchay-Suyu* (Mittel- und Nordperu, Ecuador, südliches Kolumbien), im Südwesten der *Kunti-Suyu* (von Cusco über Arequipa bis zur Küste) und im Südosten der *Kolla-Suyu* (peruanisch-bolivianisches Hochland, Nordprovinzen Argentiniens und Chiles), insgesamt ein 300 bis 800 Kilometer breiter und über 3000 Kilometer langer Küstenstreifen, bewohnt von mehreren Millionen Menschen. Vor dem Einmarsch der Spanier war der *Tawantin-Suyu* in den Augen der

Inka die «Welt» schlechthin: wie bei anderen außereuropäischen Völkern hörte sie jenseits der Grenzen ihrer Macht sozusagen auf. – In Vilcabamba, am 6. Februar 1570, umringt von indianischen Würdenträgern, setzt der Mestize Martín de Pando, Sekretär des regierenden Inka Titu Kusi Yupanki, den Schlußpunkt unter dessen Bericht, der bezeichnenderweise mit diesen Worten beginnt: «In der Zeit, wo die Spanier in diesem Land Peru vor Anker gingen...»
In den beinahe vierzig Jahren seit der Landung der Spanier, seit deren «Entdeckung» durch die Andenbewohner, war die Welt der Inka in ihren Grundfesten erschüttert worden, aber sie hielt noch stand, ihr Lebensnerv war noch nicht zerrissen. Und doch waren schon vier ihrer «Sonnensöhne», ihrer Könige, in den Wirren umgekommen. Atau Wallpa, Herrscher des Nordens, war, nachdem er den Spaniern ein riesiges Lösegeld bezahlt hatte, von ihnen grundlos erdrosselt worden. Während er noch als Geisel in spanischer Gefangenschaft lebte, hatte er selbst seinen Bruder und Rivalen Waskar Inka, den Herrn des Südens, hinterrücks umbringen lassen. Sein anderer Bruder, Manko Inka, Hauptgestalt dieser Chronik, hatte gehofft, er könne – dank der Unterstützung der Ausländer – die beiden Hälften des auseinandergebrochenen Reichs unter seine Kontrolle bringen. Als er aber eingesehen hatte, daß seine Rechnung der spanischen Machtgelüste wegen nicht aufgehen würde, entfesselte er einen der ersten großen Aufstände der «Dritten Welt». In einem Volkskrieg, der unwillkürlich an den der Chinesen unter Mao erinnert, versuchte er die spanischen Städte Cusco und Lima einzunehmen. Nach dem Scheitern der großangelegten Belagerungen unternahm er, wie fast 400 Jahre später Mao einen «langen Marsch», um sich und sein Heer den Spaniern zu entziehen und überall Guerillakriege anzufachen. In der von ihm befe-

Tanzritus im Anti-Suyu.

stigten, schwer zugänglichen neuen Hauptstadt Vilcabamba war er schließlich von spanischen «Gästen», die während der Kämpfe zwischen verfeindeten spanischen Fraktionen bei ihm Schutz gefunden hatten, in verräterischer Weise erstochen worden. Sein Sohn Sayri Tupaq, Bruder von Titu Kusi, hatte sich den Spaniern ausgeliefert und war – unter schlecht geklärten Umständen – kurz darauf gestorben. Aber Titu Kusi selbst, Inka und Priester der Tageshelligkeit *(punchau)*, Haupt des indianischen Widerstands, gewiegter Diplomat und sogar getaufter Christ, hatte zwar seine Kapitulation schon unterzeichnet, dachte jedoch nicht daran, seine teuer erkaufte Unabhängigkeit aufzugeben. Auch das Fortleben der Inka-Dynastie war dem 1530 – also zwei Jahre vor der Ankunft der Spanier – geborenen Titu Kusi ein wichtiges Anliegen. Verheiratet mit der Prinzessin Chimpu Oqlla, hatte er seinen und ihren Sohn Quispe Titu dazu bestimmt, ihm einst nachzufolgen; trotz seiner Anstrengungen war jedoch weder Quispe Titu noch seiner Schwester Chimbo Aca ein königliches Schicksal bestimmt.

Der von ihm in seiner Muttersprache – dem Ketschua – vorgetragene Bericht wurde vom Augustinermönch Marcos García ins Spanische übersetzt und bearbeitet, dann von seinem eigenen Sekretär aufgezeichnet. Eine gewisse Bearbeitung erwies sich als unumgänglich, weil Titu Kusi, wie er selbst gesteht, «die von den Spaniern in solchen Schriftstükken angewandte Ausdrucksform» nicht beherrschte. Sicher waren aber er oder seine Zeugen in der Lage, das Geschriebene nachzuprüfen. Das Ergebnis dieser Zusammenarbeit ist das einzige umfassende indianische Zeugnis über die Erschütterung der Inka-Welt und deren hartnäckigen Widerstand. Im Moment der Niederschrift ist der Ausgang des ungleichen Kampfes noch ungewiß: erst zwei Jahre später, nach Titu

Kusis frühem Tod, entreißen die Spanier seinem Bruder und Nachfolger Tupaq Amaru die Herrschaft und ihren letzten realen und symbolischen Sitz: Vilcabamba. Die Inka-Dynastie, nicht aber der indianische Widerstand, erlischt am 24. September 1572 mit der Hinrichtung Tupaq Amarus in Cusco. Im Gegensatz zu anderen vergleichbaren Chroniken ist also Titu Kusis Bericht nicht eine Schilderung des Untergangs «aus der Sicht der Besiegten», sondern eine raffiniert ausgearbeitete Rede, die unter veränderten, ja katastrophalen Umständen, den Herrschaftsanspruch der Inka ideologisch untermauert und zu behaupten sucht. Darüber darf auch die von ihm mehrmals vorgebrachte Erklärung, er habe sich der spanischen Krone und deren peruanischen Statthaltern unterworfen, nicht hinwegtäuschen. Verhandeln? Ja, und zwar so lange wie möglich. Kapitulieren? Niemals.

Ich möchte in diesem Zusammenhang die näheren Umstände, unter denen diese in verschiedener Hinsicht einzigartige Erzählung zustande kam, unter die Lupe nehmen. Offizieller Empfänger des Texts ist der Licenciado Lope García de Castro, der kurz zuvor sein Gouverneursamt dem neuen spanischen Vizekönig Toledo abgetreten hat und seine Rückkehr ins Mutterland vorbereitet. Titu Kusi überträgt ihm die Verteidigung seiner Interessen vor dem spanischen König, genauer gesagt, er überläßt ihm die vermutlich undankbare Aufgabe, von Philipp II. eine «angemessene Entschädigung» für den Verlust des Inkareichs – Bedingung zur Kapitulation – zu erwirken. Seine nicht ausgesprochene Absicht ist dabei folgende: dadurch, daß er seine Verhandlungsbereitschaft vordergründig beweist, sucht er sich vor einem spanischen Großangriff auf sein geschwächtes Kleinreich zu schützen; seine beinahe unannehmbaren Forderungen sollen ihm möglichst viel Zeit zum Wiederaufbau seiner Macht lassen.

Aus ähnlichen Gründen hatte er schon in den Jahren vorher mehrere Konzessionen gemacht. Mit seiner ausdrücklichen Erlaubnis durften einige wenige spanische Mönche in beschränkten Gebieten seines Staates den christlichen Glauben verkünden – der Zugang nach Vilcabamba selbst blieb ihnen aber verwehrt.

Erst 1570 hatte der Inka Marcos García und dessen Kollegen Diego Ortiz (einen der Zeugen unseres Berichts) in die verbotene Stadt mitgenommen und sie dort nicht eben respektvoll den Versuchungen des Fleisches aussetzen lassen. Später hatte er auch die Gegenwart eines spanischen *Corregidors* (Richter) namens Rodríguez de Figueroa zugelassen, ihm aber auch gleich zu Beginn mit humoristisch-grausamem Schabernack Todesangst eingejagt. Mit Figueroa und dem Mestizen Pando, der schon 1560 als spanischer Emissär gekommen und dann als sein Sekretär geblieben war, verband ihn jedoch eine anscheinend echte Freundschaft. Titu Kusis entscheidendes Entgegenkommen war schließlich 1568 seine von den Spaniern seit langem geforderte Bekehrung zum Christentum: sie scheint ihn allerdings nie gehindert zu haben, die einheimische Religion weiterhin zu schützen und zu fördern. Solche für ihn einigermaßen geringfügigen Konzessionen taten seiner Macht keinen Abbruch, zumal die Grenzen seines Staates scharf überwacht und spanische Unterhändler, wenn überhaupt, nur tropfenweise eingelassen wurden. Titu Kusi nährte übrigens den Spaniern gegenüber ein so tiefverwurzeltes Mißtrauen, daß er beispielsweise einen bei ihm aufgetauchten spanischen Goldsucher zum Tod verurteilte, weil er... Gold gefunden hatte: der Inka wußte nur zu gut, daß das Reich seiner Vorfahren dem Goldhunger der Spanier zum Opfer gefallen war.

Nirgendwo aber kann heute Titu Kusis mangelnde Bereitschaft zur Kapitulation besser nachgefühlt werden als gerade in dem vorliegenden Bericht an den Ex-Gouverneur, dessen Inhalt ja eigentlich für die Ohren des spanischen Königs bestimmt ist. Während der Inka, ganz im Sinne seiner scheinbar einlenkenden Verhandlungstaktik, nur spärliche Anspielungen auf seine eigene Widerstandstätigkeit fallenläßt, versäumt er keine Gelegenheit, die Macht, die Unbeugsamkeit und die patriotische Gesinnung seines von den Spaniern verratenen Vaters zum Ausdruck zu bringen, ohne sich je im geringsten von ihm zu distanzieren. Das brisante politische Testament, das Titu Kusi seinem Vater Manko Inka in den Mund legt, ist ohne Zweifel sein eigenes: es ist darin keine Rede von Kapitulation, sondern von unermüdlichem Widerstand, vom Bewahren der angestammten Kultur und Religion, von den unzerreißbaren Banden, die sich zwischen der dynastischen Familie und den Andenvölkern gebildet haben, ja von der Rückkehr des Inka oder der Inka. In manchen Reden Manko Inkas an oder über die Spanier schwingt ein unüberhörbar stolzer, sogar verächtlicher Unterton mit: so etwa, wenn er betont, der ihnen ausgehändigte Gold- und Silberschatz sei beträchtlicher als «alles, was euer König sein eigen nennt»; oder wenn er äußert, es wäre ihm ein leichtes, sie dank seiner Übermacht zu vernichten – er sei ja nicht militärisch, sondern nur mit schönen Worten besiegt worden; oder auch, wenn er auf seine Sonnenabstammung hinweist und die christliche Religion belächelt: «Die Stimmen unserer *willkas* (Heiligtümer) sprechen mit uns, die Sonne und den Mond können wir mit eigenen Augen sehen, während wir das, wovon jene (die Spanier) reden, nicht sehen.» Die epische Schilderung von Mankos Aufstand, mit ihrem Aufmarsch von riesigen Menschenmassen aus den vier Teilen der «Welt», soll schließlich dem spanischen Leser – also dem König – die Macht der Inka noch ganz plastisch vor Augen führen. Und diese Macht war für unsere Begriffe geradezu «totalitär»: als unantastbare politisch-religiöse Oberhäupter besaßen ja die Inka – selbst ihren Angehörigen gegenüber – eine unumschränkte Befehlsgewalt, die sie allerdings, in Anlehnung an die gesellschaftlichen Traditionen der Andenvölker, im Sinne einer ausgeklügelten Wohlfahrtspolitik ausübten.

Einer anderen wichtigen Gestalt, seines Vaters ehemaligem General und höchstem Würdenträger des Reichs Willaq Umu, überträgt er die Rolle, eine geharnischte und vernichtende Kritik an der spanischen Eroberung auszusprechen. Getarnt hinter der geschichtlichen Vergangenheit und seinem Vater, dessen Erbe er ja in jeder Hinsicht ist, frohlockt Titu Kusi über eine Reihe spanischer Niederlagen und beschwört mit literarischen Mitteln eine Macht, die ihm in Wirklichkeit weitgehend entglitten ist.

In seinem Bestreben, seinen eigenen Standpunkt in unverdächtiger Verpackung – episch und dramatisch – darzustellen, ist Titu Kusi, vielleicht ungewollt, auch ein frühes Meisterwerk lateinamerikanischer Literatur gelungen. Die eminent dramatische Struktur, die ich durch die Einteilung in fünf «Akte» und ein Nachspiel nicht erfunden, sondern nur spürbar gemacht habe, war offensichtlich schon im spannungsgeladenen Ablauf der Geschichte selbst vorgezeichnet. Dieser gegebene Stoff ist aber von Titu Kusi und seinen Mitarbeitern in einer Weise aufgearbeitet worden, die spontanes dramatisches Talent verrät. Unwichtige Episoden sind weggelassen, andere – wie die Gefangenschaft Manko Inkas – sind aufgeteilt und wiederholt worden, um ihre Dramatik zu steigern. Die unzähligen über das ganze Land verstreuten geschichtlichen Schauplätze sind, abgesehen vom Auftakt in Cajamarca und dem «langen Marsch» des letzten «Aktes»,

auf die indianische Ex-Hauptstadt und deren Umgebung beschränkt. Dementsprechend wird die Rolle Manko Inkas zuungunsten anderer Führer des Widerstands hochgespielt, ein literarisch legitimer und wirkungsvoller Schachzug, der auch den politischen Absichten seines Sohnes und Erben Titu Kusi stark entgegenkommt. Den Höhepunkt bilden der indianische Aufstand und die Belagerung Cuscos: die mehrere Jahre lang überall in den Anden mit wechselndem Erfolg ausgefochtenen Kämpfe werden durch die symbolisch entscheidende Einkesselung Cuscos repräsentiert.
Kann man Titu Kusi vorsätzliche Geschichtsfälschung unterstellen? Ich meine: nein. Jede Geschichtsaufarbeitung oder -schreibung setzt ja Schwerpunkte und ergreift unverhohlen oder verhohlen Partei. Titu Kusi nun «schreibt» offenkundig dynastische Geschichte. Sein Standpunkt ist davon geprägt: er verteidigt die Inka-Dynastie und besonders die Familie seines Vaters einschließlich ihrer Herrschaftsansprüche. Deshalb geht ihm eben der Tod seiner Onkel Atau Wallpa und Waskar (1. Akt), zweier Rivalen seines Vaters, nicht allzu nahe. Deswegen ist auch die etwas verherrlichende Rechtfertigung der zunächst spanienfreundlichen (2. und 3. Akt), dann spanienfeindlichen Haltung seines Vaters nicht verwunderlich. Wichtiger aber ist sicher ein zweiter Aspekt: Titu Kusi schreibt nicht Geschichte in unserem Sinne, sondern trägt ein geschichtliches Wissen vor, das ihm – teilweise von seinem Vater – mündlich überliefert worden ist. Nun ist mündliche Geschichtsüberlieferung sehr vergeßlich und gegenwartsanfällig. Gestützt auf ein «schwaches und kraftloses» Gedächtnis, wie es Titu Kusi selbst ausdrückt, ohne jede Möglichkeit, die überlieferte Vergangenheit in schriftlichen Dokumenten zu überprüfen, macht sie jedoch aus ihrer Not eine Tugend. Sie läßt alles weg, was im Augenblick des Vortrags keine

Rolle mehr spielt, sie vergißt Ereignisse, Namen, Personen und Orte, sie überlagert ähnliche, mehr als einmal vorgefallene Geschehnisse, sie schreibt bestimmten Personen die Eigenschaften anderer zu; indem sie so «skrupellos» vorgeht, befreit sie aber die Ereignisse von ihren Schlacken, schafft sie überragende Persönlichkeiten, weist sie der Geschichte eine Richtung und einen Rhythmus zu, kurz, gibt sie der Geschichte einen *Sinn*. Überdies bringt sie Kunst hervor: das Herausarbeiten rhythmisch-dramatischer Aspekte, der Verzicht auf Erklärungen, läßt mündliche Geschichtsüberlieferung dem heute «episch» oder «dramatisch» genannten Schaffen nahekommen.

Allerdings ist Titu Kusis Bericht, einzigartiges Produkt unwiederholbarer Umstände, nicht einfach auf Papier abgelagerte Ketschua-Geschichtserzählung. Die Natur des Textes selbst läßt ihn in einem Spannungsfeld verschiedener sprachlicher und literarischer Kräftelinien erscheinen. Die mündliche Erzählung schlägt sich zunächst in einem spanischen Dokument nieder, dessen äußere Form der herkömmlichen, an eine Macht- oder Amtsperson gerichteten «Chronik» oder einem Brief ähnelt. Dann und wann zeugen Pausen oder syntaktische «Ungereimtheiten» davon, daß der Text direkt dem mündlichen Vortrag folgt: offenbar vergißt der Erzähler manchmal nach einem Einschub, wie er den Satz begonnen hat. Die vom Ablauf der Geschichte gegebene und von der mündlichen Erzählung noch gesteigerte dramatische Struktur trifft auf die vom europäischen «Verfasser», dem Augustinermönch Marcos García, vertretene Form des kirchlichen Dramas. Die Hauptperson Manko Inka, herausgearbeitet wie eine Christusgestalt, hält darin «Ansprachen», deren Ausdruck sich ebensosehr an biblisch-priesterliche Rhetorik wie an die erhabene Gemessenheit der uns sonst bekannten Reden und Hymnen der Inka anlehnen dürfte. Der feierliche Dialog zwischen dem Herrscher und dem *Chor* von Würdenträgern und Untertanen, zweifellos einheimischen Ursprungs, ist von Marcos García nach dem ihm geläufigen klassischen Drama gedeutet worden. Mehrere der schwermütigen «Chöre» werden eröffnet von eigentlichen Klagegesängen, deren Original unverkennbar in den bis auf den heutigen Tag gebräuchlichen Ritualgesängen der Ketschuas, den *qarawis,* zu suchen ist. Die den Spaniern zugeschriebene Redeweise, je nach Umständen bald scheinheilig, höflich und schmeichelnd, bald grob, rüpelhaft, sarkastisch und anzüglich, ist hingegen sicher von Titu Kusi Yupankis spanischen Mitarbeitern, die die Sprache der Soldateska bis zum Überdruß kannten, beigesteuert worden. Kein eigentliches Vorbild kann für die abwechselnde Verwendung erzählerischer und dialogischer Formen genannt werden; gewisse Ansätze dazu bestanden jedoch in den Siegesriten der Inka. Es scheint immerhin klar, daß die Erzählung hier der raschen Darstellung aufeinanderfolgender Ereignisse dient, während die Dialoge oder Monologe eher den «Stand der Dinge» im Bewußtsein der handelnden Personen schildern.

Titu Kusis epischer Bericht, Ergebnis so verschiedenartiger politischer, sprachlicher und literarischer Impulse, deren Zusammentreffen einmalig ist, hat keine Gattung innerhalb der lateinamerikanischen oder peruanischen Literatur einleiten können, besitzt aber in dieser Literatur wenigstens ein Nebenstück: die mehr als tausend Seiten starke, in kreolischem Spanisch abgefaßte und illustrierte Chronik des Ketschua-Indianers Guaman Poma de Ayala, der wir sinngemäß unsere Abbildungen entliehen haben.

Bei Titu Kusi Yupankis Nachkommen im weiten Sinne, der ketschuasprechenden Andenbevölkerung, ist das vom zweitletzten regierenden Inka im 16. Jahrhundert formulierte verletzte Geschichtsbewußtsein recht lebendig geblieben. In vielen Landstrichen wird alljährlich, in tänzerisch-musikalischer und erzählender Form, der Todeskampf der Inka-Dynastie rituell aufgeführt. Und in Hunderten von Anden-Dorfgemeinschaften beschwören erfahrene, meist betagte Erzähler die Geschichte und die ersehnte Rückkehr der unvergessenen Inka.

Meiner Übersetzung liegt folgender Text zugrunde: Titu Cusi Yupanqui, *Relación de la conquista del Perú*, Lima 1973 (hrsg. von Francisco Carrillo). Mit diesem Text bin ich sehr behutsam und respektvoll umgegangen, um die «Stimme» des Inka nicht zu verfälschen. Ich habe keine Kürzungen vorgenommen und die auch für damalige Begriffe (1570) etwas altmodische Syntax – soweit dies heute noch sinnvoll ist – beibehalten. Die Fremdwörter indianischer Herkunft habe ich übernommen und mit einem entsprechenden deutschen Begriff in Klammern versehen, ebenso einige spanische Bezeichnungen; ein Glossar findet sich überdies im Anhang. Indianische Wörter und Namen sind wenn immer möglich in der heute üblichen wissenschaftlichen Transkription aufgezeichnet: bei einigen altbekannten Namen wird sich der Leser vielleicht umgewöhnen müssen. Eine Ausnahme bilden die Ortsnamen, deren Schreibweise dem heutigen peruanischen Gebrauch folgt. Die Orthographie spanischer Namen entspricht ebenfalls der heutigen Norm. Hier noch einige Hinweise zur Aussprache indianischer und spanischer Wörter im Text:
ch = tsch: *Chinchay-Suyu*, Melchor
ge/gi = che/chi: Angelina; *Corregidor*
gue/gui = ge/gi: Rodríguez

que/qui = ke/ki: Queancalla, Quito
h (in spanischen Wörtern) = stumm: Hernando
j = ch: Cajamarca, Juan
q = ch: Qapaq, *Qoya*
ll = lj: *Tallana, qellqa,* Villegas
ñ = nj: Cañete, *Cañari*
w = wie w in englisch well, wall: *Wiraqocha, waka*
hua (Ortsnamen) = wa: Huamachuco
-s- = ss: Kusi
z; c vor i und e = ss: Pizarro, García

Martin Lienhard

Der Inka Wayna Qapaq, Vater Manko Inkas,
Großvater Titu Kusi Yupankis.

Weisung von Don Diego de Castro Titu Kusi Yupanki, Inka, an den erlauchten Herrn Licenciado Lope Carcía de Castro, den ehemaligen Gouverneur der Königreiche Perus, betreffend die Angelegenheiten, die er in dessen Namen und ausgestattet mit dessen Vollmacht mit Seiner Majestät – Philipp II. – zu verhandeln hat.

Sie besagt folgendes:
Insofern ich, Don Diego de Castro Titu Kusi Yupanki, Enkel beziehungsweise Sohn von Wayna Qapaq und Manko Inka Yupanki, den ehemaligen natürlichen Herrschern der Königreiche und Provinzen Perus, viele Gnaden und Gunstbeweise erfahren habe seitens des sehr erlauchten Herrn Lizenziaten Lope García de Castro, des ehemaligen Gouverneurs dieser Königreiche im Dienste Seiner königlichen Majestät, unseres Herrn Don Felipe [Philipp II.], und insofern sich Euer Gnaden von diesen Königreichen in die Spaniens begeben und eine mutige und sehr christliche Persönlichkeit sind, will es mir scheinen, niemand könnte mich mit größerer Berechtigung und Bereitwilligkeit in allen meinen Angelegenheiten, die Seiner Majestät vorzulegen und mit ihr zu verhandeln sind, verteidigen: in Dingen, die mir selbst sowie meinen Söhnen und Nachkommen wichtig sind. Im Namen des großen Vertrauens, das ich Euer Gnaden entgegenbringe, zögere ich deshalb nicht, alles, das eine wie das andere, in Ihre Hände zu legen. Nachdem mir Eure Durchlaucht bisher in allem so große Gunst erwiesen haben, darf ich erwarten, auch in dieser so entscheidenden Sache Ihrer Unterstützung sicher zu sein.

Und da das Gedächtnis der Menschen nun einmal kraftlos und schwach ist, wäre es uns unmöglich, uns aller in Frage kommenden umfangreichen und wichtigen Angelegenheiten genau zu erinnern, es sei denn, wir nähmen unsere Zuflucht zur Schrift und bedienten uns ihrer zu unseren Zwecken. Ich kann also nicht umhin, einige entscheidende Dinge in Erinnerung zu rufen: Euer Gnaden, ausgestattet mit meiner Vollmacht, mögen mir den Gefallen tun, alle diese Angelegenheiten vor Seiner Majestät ins beste Licht zu rücken, wie weiter hinten klar ausgeführt und berichtet werden wird. Folgendes möchte ich in Erinnerung rufen:
Erstens mögen Euer Gnaden, sobald Sie glücklich in den Königreichen Spaniens eingetroffen sind, so gnädig sein, Seiner Majestät dem König Don Felipe, unserem Herrn, in dessen Schutz ich mich begeben habe, auseinanderzusetzen, wer ich bin und welche Not ich in diesen Urwäldern leide, seit Seine Majestät und deren Vasallen das Land, das meinen Vorfahren gehörte, in Besitz genommen haben. Am besten würden Euer Gnaden damit beginnen, daß Sie erklären, wer und wessen Sohn ich bin, damit mein Recht auf Entschädigung Seiner Majestät vollkommen klar werde.
Ich darf ja wohl annehmen, daß dank der vielen Nachrichten vieler Menschen bekannt geworden ist, wer die früheren rechtmäßigen Herrscher dieses Landes waren, woher sie kamen und unter welchen Umständen; ich will mich also darüber nicht aufhalten. Nur eines wollen Sie bitte Seiner Majestät einschärfen: daß ich der legitime, will sagen erbberechtigte und älteste der vielen Söhne bin, die mein Vater Manko Inka Yupanki hinterlassen hat. Mir trug er auf, mich der anderen anzunehmen und sie zu betreuen, als ginge es um mich selbst. Dies habe ich seit seinem Tod bis auf den heutigen Tag getan, tue es weiter und werde es tun, solange Gott mich am

Die Krönung des jungen Manko Inka.

Leben erhält, denn es ist nur billig, daß die Söhne ausführen, was ihnen von ihren Vätern – besonders in den letzten Lebenstagen – aufgetragen worden ist. Seine Majestät möge auch davon Kenntnis nehmen, daß mein Vater Manko Inka Yupanki, Sohn von Wayna Qapaq und Enkel von Tupa Inka Yupanki, als Nachkomme in direkter Linie höchster Herrscher aller Königreiche von Peru war. Dazu war er von seinem Vater bestimmt und nach dessen Hinschied als solcher über das ganze Land hin anerkannt und geachtet worden, wie ich es nach meines Vaters Hinschied worden bin, wurde und werde. Wollen Sie bitte Seiner Majestät auch ausführlich auseinandersetzen, warum ich mich jetzt unter so schwierigen Umständen in diesen dichtbewaldeten Hügeln aufhalte, wo mich mein Vater, nachdem die Spanier ihn verjagt und dann getötet hatten, zurückließ.
Seine Majestät soll auch den weiter hinten stehenden Ausführungen entsprechend genau darüber unterrichtet werden, auf welche Weise, wie und wann die Spanier in das Land Peru eingedrungen sind und welche Behandlung sie meinem Vater zu seinen Lebzeiten angedeihen ließen, bevor sie ihm schließlich in diesem Land, das jetzt mein ist, den Todesstoß versetzten. Der Bericht lautet wie folgt:

Bericht
über den Einfall der Spanier in Peru,
und
was Manko Inka widerfuhr,
als er mit ihnen zusammenlebte

Die Spanier bei Atau Wallpa in Cajamarca.

I
Ungeladene Gäste: die Spanier, eine «neue Art von Menschen»

In der Zeit, wo die Spanier in diesem Land Peru vor Anker gingen, wo sie zur Stadt Cajamarca gelangten [1532], ungefähr 190 Meilen[1] von hier entfernt, weilte mein Vater Manko Inka in der Stadt Cusco; dort war er mit all seiner Macht und Befehlsgewalt, die ihm sein Vater Wayna Qapaq [der junge Mächtige] hinterlassen hatte. Die Neuigkeit erfuhr er durch einige Boten, die sein – zwar unehelicher – Bruder namens Atau Wallpa ausgesandt hatte, sowie durch einige Tiefland-Indianer aus dem Volk der *Tallana,* die an der Südseeküste wohnen, fünfzehn oder zwanzig Meilen von Cajamarca entfernt.

Diese hatten erklärt, sie hätten eine bestimmte, von uns ganz verschiedene Art von Menschen bei ihnen landen sehen, die *Wiraqochas* zu sein schienen: mit diesem Namen bezeichneten wir früher den Schöpfer aller Dinge; wir nannten ihn *Teqsi Wiraqochan,* was «Ursprung» und «Urheber aller Dinge» bedeutet[2].

Aus mehreren Gründen bezeichnete man die neuentdeckten Leute mit diesem Wort: einerseits, weil sie sich in ihrer Kleidung und äußeren Erscheinung von uns unterschieden; andererseits, weil sie auf sehr großen Tieren ritten, die überdies Silberfüße hatten: das meinte man der glitzernden Hufeisen wegen. Ein weiterer Grund zu dieser Namensgebung war der, daß man sie dabei ertappt hatte, wie sie ganz allein in eine Art Tücher hinein sprachen, so wie eine Person mit einer anderen spricht: damit bezog man sich aufs Lesen von Büchern und Briefen. Außerdem nannte man sie *Wiraqochas* in

Anbetracht der Erhabenheit und des Aussehens ihrer Gestalt und wegen des großen Unterschieds zwischen den einen und den anderen, denn die einen trugen schwarze Bärte, die anderen rote; dazu kam, daß man sie aus silbernem Geschirr essen sah. Ein letzter war, daß sie über *illapas* verfügten – mit diesem Wort bezeichneten wir den Donner: damit spielte man auf die Feuerwaffen an, denn man vermutete, es handle sich um Himmelsdonner.
Eine Gruppe von *Yunkas* [Bewohner des Tieflands] führten zwei dieser *Wiraqochas* zu meinem Onkel Atau Wallpa, der sich zu jener Zeit in Cajamarca aufhielt. Dieser empfing sie bestens; als er aber einem von ihnen unser gewohntes Getränk in einem goldenen Kelch darbot, da schüttete es der Spanier eigenhändig aus, worüber sich mein Onkel sehr erzürnte. Nach diesem Zwischenfall zeigten jene zwei Spanier besagtem Onkel einen Brief, ein Buch oder was weiß ich, und erklärten, es sei die *qellqa* [Schrift] Gottes und des Königs. Mein Onkel, noch ganz gekränkt wegen des Ausschüttens der *chicha* – so heißt nämlich unser Getränk –, ergriff den Brief oder was es sonst gewesen sein mag, und warf ihn irgendwohin, wobei er ausrief: «Was soll das sein, was ihr mir da gegeben habt? Hinaus, fort mit euch!» Die Spanier kehrten zu ihren Gefährten zurück und berichteten ihnen sicher, was sie gesehen hatten und was ihnen bei meinem Onkel Atau Wallpa widerfahren war.
Viele Tage später, als mein Onkel Atau Wallpa gerade in Krieg und Streitigkeiten verwickelt war mit Waskar Inka, einem seiner Brüder, um zu klären, welcher von ihnen der wirkliche König des Landes sei (wo es doch keiner von beiden war: sie hatten nämlich meines Vaters Königsgewalt usurpiert, weil er damals noch ein Knabe war, und da der eine wie der andere sich auf viele Onkel und sonstige Ver-

wandte stützen konnte, wollten sie die Macht an sich reißen. «Möge ihn auch unser Vater in seinen letzten Tagen ernannt haben», führten sie an, «so besteht noch kein Grund, daß ein Knabe König wird; richtiger wäre es, die Älteren würden es anstatt des Kleinen.» Derartige Gründe konnte man nicht Gründe nennen, sondern nur Habgier und Ehrgeiz, denn beide Brüder waren zwar Söhne von Wayna Qapaq, stammten aber von Müttern gemeiner und niederer Herkunft, während mein Vater rechtmäßiger Sohn von königlichem Geblüt war, wie es schon Pachakutiq Inka [der weltumstürzende Herrscher] gewesen war, der Großvater Wayna Qapaqs,)... während also, wie gesagt, die beiden Brüder – Söhne verschiedener Mütter – in Streitigkeiten miteinander verwickelt waren, langten in Cajamarca, der eben erwähnten Stadt, so erzählt man, vierzig oder fünfzig Spanier auf ihren wohlausgestatteten Pferden an.

Die Nachricht erreichte meinen Onkel Atau Wallpa, als er gerade daran war, in einem wenig entfernten Ort namens Huamachuco ein bestimmtes Fest zu feiern. Er brach sogleich mit seinem Gefolge auf, ohne Waffen zum Gefecht oder Harnische zum Schutz, nur mit *tumis* – so heißen unsere Messer – ausgerüstet, um jene neue Art von «Lamas» zu jagen: damit waren die Pferde gemeint, die ja erst neulich bei uns aufgetaucht waren. Die *tumis* oder Messer trugen sie bei sich, um die Tiere zu häuten und zu schlachten, wobei sie überhaupt nicht mit den paar Menschen rechneten und auch nicht zu wissen suchten, was sie waren.

Als mein Onkel mit all seinen Leuten die Stadt Cajamarca erreichte, empfingen ihn die Spanier bei den Bädern von Conoc [eigentlich: Pultoc oder Pulltumarca]. Dort eingetroffen, fragte er sie, wozu sie gekommen seien. Sie antworteten, sie seien im Auftrag *Wiraqochas* gekommen, um ihnen zu erklären, wie sie ihn kennenzulernen hätten. Nachdem mein Onkel angehört hatte, was sie sprachen, wartete er ihnen stumm auf, indem er einem von ihnen in der weiter vorn von mir beschriebenen Weise zu trinken gab, um festzustellen, ob diese Leute das Getränk ausschütten würden wie die beiden ersten Spanier. Alles geschah genau wie vorher: sie tranken es nicht und kümmerten sich auch nicht darum. Als mein Onkel sah, wie gering sie seine Dinge einschätzten, sagte er: «Wenn ihr mich geringschätzt, so werde ich euch auch geringschätzen!» Er erhob sich zornig und begann zu schreien, als wollte er die Spanier umbringen. Aber die Spanier sahen sich vor und besetzten die vier Tore des rundherum befestigten Platzes, wo sie sich befanden.

Auf jenem ummauerten Platz blieben nun die Indianer wie Schafe eingeschlossen. Sie waren zahlreich und konnten nirgendwohin entweichen; sie hatten auch keine Waffen bei sich, weil sie sie nicht mitgenommen hatten: so wenig hatten sie sich aus den Spaniern gemacht. Nur Lassos und *tumis* trugen sie bei sich, wie ich vorher ausgeführt habe. Die Spanier stürmten wie rasend gegen die Mitte des Platzes los, wo an erhöhter Stelle ein Thron des Inkas war, eine Art Burg, die wir *usnu* nennen (Abb. S. 27). Diese besetzten sie und ließen meinen Onkel nicht hinauf; im Gegenteil, an deren Fuß warfen sie ihn gewaltsam aus seiner Sänfte hinaus, stürzten sie um und entrissen ihm alles, was er bei sich trug, sogar seine Stirnquaste *[maskapaycha]*, die bei uns als Krone gilt. Nachdem sie ihm alles entrissen hatten, nahmen sie ihn fest. Und da die Indianer laute Schreie ausstießen, töteten sie alle: mit den Pferden, den Degen oder den Schußwaffen, als ob sie Schafe abschlachteten, ohne daß irgend jemand Widerstand geleistet hätte: von mehr als zehntausend entkamen keine zweihundert.

Als alle tot waren, führten die Spanier meinen Onkel Atau Wallpa ins Gefängnis, wo sie ihn – nackt, den Hals mit Ketten umschlossen – die ganze Nacht gefangenhielten. Am Morgen des nächsten Tages gaben sie ihm seine Kleider und seine Stirnquaste zurück und fragten: «Bist du der König dieses Landes?» Er bejahte, aber sie fragten weiter: «Gibt's denn außer dir keinen anderen? Wir wissen nämlich, daß es einen anderen gibt, er heißt Manko Inka. Wo ist der?» Und mein Onkel antwortete: «In Cusco.» Sie fragten weiter: «Wo liegt denn dieses Cusco?» Darauf antwortete mein Onkel: «Zweihundert Meilen von hier ist Cusco.» Die Spanier fuhren beharrlich fort: «Wir haben ja erfahren, daß Cusco die Hauptstadt dieses Landes ist; folglich muß derjenige, der in Cusco weilt, der König sein.» Mein Onkel sagte: «Das ist er tatsächlich, denn mein Vater hat ihm die Macht überlassen; da er jedoch noch sehr jung ist, regiere ich das Land an seiner Stelle.» Die Spanier antworteten: «Auch wenn er noch jung ist, hat er ein Recht darauf, zu wissen, daß wir angekommen und im Auftrag *Wiraqochas* da sind. Laß es ihn also wissen.» Aber mein Onkel erwiderte: «Wen soll ich denn schicken, wo ihr mir doch alle Leute getötet und mich in diesem Zustand gelassen habt?» Das sagte er, weil sein Verhältnis zu meinem Vater kein gutes war, und weil er fürchtete, die *Wiraqochas* würden sich möglicherweise mit seinem Bruder einigen, falls dieser von deren Ankunft erführe. Er hielt jene nämlich für mächtige Leute und vermutete sogar, aus den genannten Gründen, sie seien wirklich *Wiraqochas.*

Als die Spanier merkten, daß mein Onkel Atau Wallpa zögerte, meinen Vater über ihre Ankunft zu unterrichten, beschlossen sie insgeheim, Boten auszuschicken. Während die Spanier noch das Für und das Wider dieser Mission erwogen, bekamen die *Tallana* von der Küste Wind davon, und da sie

Atau Wallpa in spanischer Gefangenschaft.

sehr an meinem Vater hingen, denn sie anerkannten ihn als ihren König, beschlossen sie insgeheim, meinem Vater, ohne die Spanier oder meinen Onkel zu benachrichtigen, die Kunde selbst zu überbringen. Das taten sie auch und brachen nach Cusco auf. Kaum waren sie dort eingetroffen, richteten sie folgende Worte an meinen Vater:
«*Sapay Inka* (das heißt ‹du, unser einzige Herrscher›): Wir kommen, dir zu melden, daß eine bei unseren Völkern unbekannte und noch nie gesehene Art von Leuten in deinem Land angekommen sind, die ihrem Aussehen nach offenbar *Wiraqochas* sind – sozusagen ‹Götter›. In Cajamarca sind sie angekommen, wo dein Bruder weilt. Dieser hat ihnen gesagt und versichert, er sei Herr und König dieses Landes. Davon sind wir, deine Untertanen, schmerzlich berührt; und weil wir eine solche Beleidigung nicht länger mitanhören können, ohne dir darüber Bericht zu erstatten, kommen wir, dich über die Vorfälle ins Bild zu setzen. Wir möchten dir gegenüber nämlich nicht in den Ruf geraten, Aufrührer oder nachlässige Diener zu sein.»
Wie mein Vater ihre Botschaft vernommen hatte, geriet er außer sich und rief: «Aber wie haben denn diese Leute es wagen können, ohne meine Ermächtigung und ohne mein Einverständnis in mein Land einzudringen? Wie ist ihr Wesen und ihre Art?» Die Boten gaben zur Antwort: «Herr, es sind Leute, die sicher nichts anderes als *Wiraqochas* sein können, denn sie behaupten, mit dem Wind gekommen zu sein; es sind bärtige, sehr schöne und ganz weiße Leute; sie essen aus silbernen Tellern, und sogar die Schafe, große Schafe, von denen sie getragen werden, besitzen silbernes Schuhwerk. Sie feuern *illapas* [Blitz, Donner] ab wie der Himmel. Du kannst dir selbst ausrechnen, daß Leute dieser Art, die so leben und sich verhalten, *Wiraqochas* sein müssen. Und wir ha-

ben mit eigenen Augen gesehen, wie sie allein in weiße Tücher hineinsprachen und einige von uns bei unseren Namen nannten, ohne daß ihnen jemand Aufschluß gegeben hätte, sondern einfach, indem sie das Tuch betrachteten, das sie vor Augen hielten. Es sind überdies Leute, bei denen nur das Gesicht und die Hände sichtbar sind. Die Gewänder, die sie tragen, sind besser als deine, denn sie enthalten Gold und Silber. Was anderes als *Wiraqochas* könnten Leute dieser Sorte und Art denn sein?»

Mein Vater, ein Mann, der genau zu wissen wünschte, wie es sich verhielt, ging auf diese Worte hin dazu über, den Boten mit folgenden Worten zu drohen: «Gebt acht, belügt mich mit euren Reden nicht, denn ihr wißt ja und habt sicher vernommen, wie meine Vorfahren und ich selbst den Lügnern das Handwerk zu legen pflegen.»[3] Etwas eingeschüchtert und gleichsam erschaudernd, ergriffen die Boten wieder das Wort: «*Sapay Inka*: Hätten wir es nicht mit eigenen Augen gesehen und fürchteten wir dich nicht, wie wir, als deine Untertanen, dich fürchten, so hätten wir nie gewagt, dir mit derartigen Geschichten zu kommen; wenn du uns aber keinen Glauben schenken willst, so schicke nach Cajamarca, wen du auch willst. Dort werden sie dann die Leute sehen, die wir dir geschildert haben und die eine Antwort auf unsere Botschaft erwarten.»

Als mein Vater sah, daß sie das Gesagte nachdrücklich bekräftigten, schenkte er ihnen Glauben und sagte: «Wenn ihr solchen Eifer an den Tag legt, mir die Ankunft dieser Leute zu bestätigen, so geht doch und bringt mir einige von ihnen, damit ich sie sehe und mich durch den Augenschein überzeuge.» Und die Botschafter führten aus, was mein Vater ihnen aufgetragen hatte, und kehrten nach Cajamarca zurück, begleitet von ich weiß nicht wie vielen Indianern, die mein

Vater zur Überprüfung des Gesagten mitschickte, auch um die Spanier einzuladen, einen der Ihren zu seinem Aufenthaltsort gehen zu lassen; er sei nämlich äußerst begierig, selbst solche Leute zu sehen, wie sie ihm von den *Tallana* aus dem Tiefland mit so großem Eifer geschildert worden seien. Und schließlich brachen alle Botschafter, die einen wie die anderen, im Auftrag meines Vaters von Cusco nach Cajamarca auf, um zu sehen, was für eine Art von Menschen diese *Wiraqochas* waren.

Und als sie beim Marquis Don Francisco Pizarro eintrafen, empfing dieser sie bestens und freute sich sehr darüber, von meinem Vater zu hören, und auch über was weiß ich für Kleinigkeiten, die dieser ihm gesandt hatte. Mein Vater ließ, wie gesagt, den Wunsch ausrichten, einige von ihnen möchten sich bitte zu ihm begeben. Sie nahmen den Vorschlag an und beschlossen, zwei Spanier auszusenden, um ihm die Hände zu küssen. Der eine hieß Soundso Villegas und der zweite Antano: andere Namen wußten ihnen nämlich die Indianer nicht zu geben[4]. Im Auftrag des Marquis und in Übereinkunft mit den anderen brachen sie von Cajamarca auf und langten ohne Schwierigkeiten und unbehelligt in Cusco an. Aber mein Vater, der schon lange über ihr Kommen unterrichtet war, schickte ihnen eine Menge Proviant entgegen; den Boten, die zu ihrer Begrüßung von Cusco her gekommen waren, hatte er sogar befohlen, sie in Hängematten [vermutlich Sänften] zu tragen, was diese auch ausführten.

In Cusco angekommen, wurden sie meinem Vater vorgestellt, der sie sehr ehrerbietig empfing, ihnen Unterkunft zur Verfügung stellte und sie mit allem Nötigen versah. Anderntags hieß er sie zu seinem Wohnsitz kommen, wo er ein großes Fest veranstaltete, mit vielen Leuten und großem Aufwand an Gold- und Silbergeschirr, worunter es zahllose Krüge, Becher, Schalen und Töpfe aus demselben Material gab. Als die Spanier so viel Gold und Silber erblickten, baten sie meinen Vater, ihnen etwas davon zu überlassen, um es dem Marquis und seinen Gefährten zu zeigen und diesen die Größe seiner Macht vor Augen zu führen. Mein Vater ging darauf ein und übergab ihnen, für sie selbst und für ihre Gefährten, viele Krüge, goldene Becher und andere Kleinode und kostbare Stücke.

In Begleitung vieler Menschen ließ er sie die Rückkehr zum Gouverneur Pizarro antreten und sagte: Insofern sie ihn ja im Auftrag *Wiraqochas* besuchen gekommen seien, sollten sie nur ins Land eintreten, und falls sie beliebten, ihn an seinem Wohnsitz aufzusuchen, so seien sie herzlich willkommen. Während sich also diese zwei Spanier aufgemacht hatten, meinem Vater die Hände zu küssen und sich mit ihm in Cusco zu treffen, übergab mein Onkel Atau Wallpa den Spaniern eine riesige Menge Gold und Silber, alles aus dem Eigentum meines Vaters: einerseits trieb ihn die Angst, die ihm diese *Wiraqochas* eingejagt hatten, und andererseits tat er es aus freien Stücken, um sie für seine Sache gegen meinen Vater Manko Inka und gegen dessen Bruder Waskar Inka zu gewinnen. Und aus ständigem Argwohn gegen meinen Onkel Waskar Inka sandte er von seinem Aufenthaltsort aus einige Boten, die sich mit dessen Leuten verbünden und ihn töten sollten, damit sein Rücken in dieser Hinsicht gedeckt sei: den Spaniern gegenüber glaubte er sich ja dadurch den Rücken gestärkt zu haben, daß er ihnen, wie gesagt, den nicht ihm, sondern meinem Vater gehörenden Goldschatz ausgehändigt hatte. Besagte Boten führten den Plan so vollkommen aus, daß sie Waskar Inka im Laufe eines Geplänkels in der Nähe eines Ortes namens Huánuco Pampa [heute Huánuco Viejo]

Atau Wallpas Generäle Kis Kis und Challku Chima nehmen
den Inka Waskar gefangen.

umbrachten [1533]. Als Atau Wallpa vom Tod seines Bruders Waskar Inka erfuhr, war er höchst erfreut, denn es schien ihm, er habe niemanden mehr zu fürchten und alles sei abgesichert. Da er einerseits seinen Hauptfeind vernichtet und getötet, andererseits die *Wiraqochas* bestochen hatte, glaubte er, sich nicht mehr ängstigen zu müssen. Seine Vorstellungen erwiesen sich jedoch als verkehrt: als die zwei Spanier mit den von meinem Vater mitgeschickten Begleitpersonen und den Neuigkeiten beim Marquis Don Francisco Pizarro und seinen Gefährten eintrafen, überzeugte sich der Marquis, den wir *macho capito* [alter Hauptmann][5] nennen – davon, daß mein Vater Manko Inka Yupanki der wirkliche König des ganzen Landes war, nämlich derjenige, welcher von allen als Herr geachtet, gefürchtet und anerkannt war, während Atau Wallpa, sein älterer Bruder, das Königreich als Tyrann beherrschte. Der Marquis war sehr erfreut, sei es, weil er seitens meines Vaters so guten Bescheid erhalten und erfahren hatte, was für eine hochgestellte Persönlichkeit er war, sei es des überaus schönen Geschenks wegen, das man ihm so wohlwollend gesandt hatte; es schmerzte ihn aber sehr, feststellen zu müssen, daß dessen Bruder ihn ohne jeden Grund peinigte und quälte und ihm entgegen allem Recht das Königreich entrissen hatte. Wie sich später zeigen sollte, kam letzterer nicht ungestraft davon, sondern erhielt die verdiente Strafe.

Nachdem die spanischen Gesandten, die am Hofe meines Vaters gewesen waren, und die Indianer, die mein Vater mit dem schon erwähnten Gold- und Silberschatz im Wert von mehr als zwei Millionen[6] geschickt hatte, zurückgekommen waren, hatten zuerst die Spanier, dann die Indianer dem Gouverneur ihre Aufwartung gemacht, wie mein Vater ihnen befohlen hatte. Manko Inka Yupanki, sagten sie, sei sehr beglückt über die Ankunft so guter Menschen in seinem Land, und er bitte sie, wenn sie damit einverstanden seien, sich zu seinem Wohnsitz nach Cusco zu bemühen. Er werde sie mit allen Ehren empfangen und gebe ihnen sein Wort, allen ihren Wünschen nachzukommen: sie seien ja im Auftrag *Wiraqochas* da. Er lasse sie wissen, daß sich dort, wo sie gelandet seien, einer seiner Brüder namens Atau Wallpa befinde, der sich als König des ganzen Landes ausgebe. Sie sollten ihn nicht als solchen anerkennen, denn er selbst sei der König und rechtmäßige Herrscher des Landes, wozu er von seinem Vater Wayna Qapaq in dessen letzten Tagen bestimmt worden sei; ungeachtet dieses letzten Willens habe sich Atau Wallpa gegen ihn erhoben.

Als der Gouverneur und alle seine Leute das eine und das andere vernommen hatten, empfing er die Gesandten meines Vaters sowie dessen Geschenk mit großem Vergnügen und befahl, sie so zu beherbergen und zu ehren, wie es Gesandten eines so erhabenen Herrn gegenüber angemessen sei. Einige Tage später traten die Indianer, die Gesandten meines Vaters, mit der Antwort die Rückreise an, während der Marquis in Cajamarca zurückblieb. Atau Wallpa hielt er aus Argwohn weiterhin gefangen, wie er es tat, seit er und seine Gefährten im Lande waren. Einerseits schien es ihm nämlich, dieser würde sich, sobald er ihn freiließe, gegen ihn erheben; andererseits war er schon immer mißtrauisch gewesen und meinte, jener sei nicht der rechtmäßige König dieses Landes, und er wünsche sich zuerst mit der Antwort meines Vaters darüber Gewißheit zu verschaffen. Weil er anderslautende Anordnungen meines Vaters abwarten wollte, hielt er ihn so lange gefangen.

Und wie mein Onkel Atau Wallpa sah, daß mein Vater den Spaniern Gesandte und so viel Gold und Silber geschickt hatte, war er darüber sehr betrübt: einerseits, weil ihm nicht entging, wie rasch jener sich mit diesen verbündet und diese ihn als König und Herrn anerkannt hatten; andererseits, weil er den Verdacht hegte, dieses Bündnis werde ihm zum Verhängnis werden. Und während er sich diesem Verdacht und dieser Furcht, die ihn von beiden Seiten her in die Enge trieben, hingab, beschloß er, alle Leute und seine Hauptleute, die gerade dort in der Nähe weilten, zu versammeln, um sie auf die traurige Lage aufmerksam zu machen, in die er sich versetzt sah. Kaum hatte er sie alle vor sich, sprach er zu ihnen folgende Worte:

«*Apus* (das heißt ‹Herren›): Diese Leute, die unsere Gebiete betreten haben, sind unseren Anschauungen abgeneigt und haben sich mit meinem Bruder Manko Inka verbündet und leben in großem Frieden und in Eintracht mit ihm. Wenn ihr einverstanden seid, so wollen wir ihnen die Köpfe einschlagen und sie töten. Ich glaube nämlich, wir werden mit unseren wenigen, aber tapferen Leuten die Oberhand im ganzen Land behalten können, wie es früher der Fall war, denn mein Bruder Waskar Inka ist ja schon tot. Töten wir sie aber nicht, und einigen sie sich mit meinem Bruder Manko Inka, so könnte es uns schlecht ergehen, denn es sind tapfere Leute, anscheinend *Wiraqochas,* und mein Bruder ist sehr erzürnt über mich; sollte es ihm einfallen Truppen aus dem ganzen Land einzuberufen, so wird er diese da sicher zu Hauptleuten machen, und dann würden er und sie uns unweigerlich vernichten; laßt uns also ihnen zuvorkommen, wenn ihr einverstanden seid.» Die Leute und Hauptleute, die den Ausführungen meines Vaters gefolgt waren, stimmten seinen Worten zu und riefen einstimmig aus: «*Hu Sapay Inka* (das heißt: ‹richtig hast du gesprochen, Herr›): Es ist an der Zeit, diese Leute zu töten, denn was sind sie schon gegen uns?

Cajamarca, 26. Juli 1533: die Hinrichtung Atau Wallpas.

Alle zusammen reichen uns nicht einmal fürs Frühstück.» Und kaum hatten sie miteinander den Tag und die Stunde bestimmt, da sie den anderen vernichten wollten, so hatte es auch schon der Marquis auf ich weiß nicht welche Weise erfahren. Und da nun der Marquis von der Verschwörung wußte, die zur Vernichtung der Spanier im Gange war, verschlang er [die Indianer] zum Frühstück, bevor sie ihn und die Seinen zur Hauptmahlzeit verspeisen konnten. Er hatte nämlich überall Spitzel aufstellen lassen und höchste Bereitschaft verlangt. Ohne jeden Aufschub ließ er Atau Wallpa, meinen Onkel, aus dem Gefängnis ins Freie schaffen und erdrosselte ihn, ohne irgendwelchen Widerstand zu dulden, an einem Pfahl[7] mitten auf dem Platz [26. Juli 1533]. Und kaum war dies vollzogen, hob er sein Lager auf, um meinen Vater aufzusuchen, aber so schnell er sich auch aufgemacht hatte, so versäumten es die Indianer doch nicht, wie ein Platzregen über ihn herzufallen, denn ein Indianer namens Challku Chima, Oberbefehlshaber Atau Wallpas, und ein anderer namens Kis Kis [lautmalerischer Name eines winzigen Vogels], sein Gefährte, beide überaus tapfer und mächtig, hatten eine große Menge Leute versammelt, um den Tod ihres Herrn zu rächen. So waren der Marquis und seine Leute gezwungen, äußerst achtsam vorzugehen, denn ihre Verfolger waren derart zahlreich, daß sie ihren Weg nur mit großer Mühe und mit Unterbrechungen fortsetzen konnten: ständig mußten sie großangelegte Überfälle ihrer Verfolger abwehren.

Als mein Vater erfuhr, in welcher Bedrängnis sie waren, beschloß er, Leute einzuberufen, um ihnen zu Hilfe zu eilen. So brach er von Cusco mit mehr als hunderttausend Leuten[8] auf und kam bis nach Vilcaconga, wo er auf den Marquis stieß, der bereits Challku Chima gefangengenommen hatte. Der

«Mein Vater reiste in seiner goldenen und kristallenen Sänfte…»

Marquis war sehr erfreut, ihn zu sehen, und mein Vater, der mit seiner Königskrone[9] in seiner goldenen und kristallenen Sänfte reiste, stieg aus und umarmte den Marquis, der schon von seinem Pferd abgestiegen war; und beide, mein Vater und der Marquis, verbündeten sich sogleich und ließen durch ihre Agenten ausrufen, niemand solle sich rühren, es sei denn, um Kis Kis nachzustellen, der mit vielen Leuten in der Gegend herumstreifte; es dürfe ihm nicht gelingen, Challku Chima zu befreien.

Nach ihrem Zusammentreffen brachen mein Vater und der Marquis zusammen von Vilcaconga auf und verbrachten jene Nacht in Saqsawana, wo der Marquis meinem Vater den Challku Chima mit folgenden Worten auslieferte: «Schaut, Herr Manko Inka, hier bringe ich Euch, gefangen, Euren Todfeind Challku Chima. Schaut selbst, was Ihr mit ihm anfangen wollt.» Und als mein Vater ihn erblickte, ordnete er an, man solle ihn unverzüglich vor aller Augen verbrennen, damit die Kunde bis zu seinem Gefährten Kis Kis gelange und diesem eine Strafe und den anderen ein Exempel sei. Nachdem sie die Strafe gegen einen so schlechten Indianer, wie jener war, vollstreckt hatten, begaben sie sich zusammen nach Cusco. Unterwegs war mein Vater allerdings immer noch schmerzlich berührt über die Unverschämtheit dieses Indianers Kis Kis. Sobald sie in Cusco eintrafen, schärfte mein Vater allen seinen Leuten ein, dem Marquis und den Seinen Achtung und Ehrfurcht entgegenzubringen und sie bis zu seiner Rückkehr mit allem Nötigen zu versehen; er selbst wolle nämlich gehen, diesen Schurken Kis Kis zu töten und dessen ganze Sippe zu vernichten, da dieser ihm und den Spaniern gegenüber so unverschämt geworden sei – letztere schätzte mein Vater damals sehr, weil er ganz vom Marquis Don Francisco Pizarro eingenommen war.

II
Manko, Inka von Pizarros Gnaden

Manko Inka und der Hauptmann Antonio de Soto verfolgen Kis Kis, Verräter an Seiner königlichen Hoheit und an seinem König Manko Inka

Am anderen Tag, als mein Vater den Marquis und sein ganzes Gefolge untergebracht und mit allem Notwendigen versehen hatte, entschloß er sich, im Einverständnis mit besagtem Marquis, dem Verräter Kis Kis nachzujagen und ihn zu verfolgen. Er war ja, seit er die Spanier lieben- und schätzengelernt hatte, in hohem Grade über ihn erzürnt. Wie der Marquis merkte, mit welcher Entschlossenheit sich mein Vater für diesen Feldzug entschieden hatte, schlug er vor, selbst an diesem Unternehmen teilzunehmen, indem er anführte, es sei nicht billig, daß er in der Stadt zurückbleibe, während mein Vater in den Krieg ziehe: zwei richteten mehr aus als ein einziger. Mein Vater Manko Inka nahm die Bereitwilligkeit des Marquis zur Kenntnis, antwortete ihm aber, er möge sich vorläufig nicht von der Stelle rühren, sondern sich ausruhen und entspannen bis zu seiner Rückkehr, er sei bald zurück. Falls er ihm einige Männer mitzugeben wünsche, so sei er gern bereit, ein paar von denen, die er ihm überlasse, mitzunehmen. Vorläufig gestatte er ihm aber nicht, die Stadt zu verlassen.

Als der Marquis Don Francisco Pizarro einsah, daß mein Vater ihn die Stadt nicht verlassen ließ und ihn auch nicht mitnehmen wollte, unterredete er sich darüber mit seinen Hauptleuten. Sie fanden, mein Vater habe recht, und so erkoren sie insgeheim Antonio de Soto [in Wirklichkeit Hernando de Soto] dazu, meinen Vater zu begleiten. Dieser nahm fünfzig spanische Soldaten mit. Sobald besagter Hauptmann Antonio de Soto gewählt war, begaben sich der Marquis und er zum Haus meines Vaters, der schon am Weggehen war, und erstatteten ihm Bericht über ihren Beschluß. Als mein Vater dies erfuhr, war er es sehr zufrieden und sagte, dieser Beschluß scheine ihm vollkommen richtig; die Soldaten sollten sich reisefertig machen, er wolle nämlich aufbrechen.

Am gleichen Tage noch zog mein Vater mit all seinen Leuten los, begleitet vom Hauptmann Antonio de Soto und seinem Gefolge [Dezember 1533]. Alle zusammen machten sie sich gemeinsam daran, Kis Kis unverzüglich nachzujagen. In wenigen Tagesmärschen stießen sie auf den Verräter Kis Kis, den sie in einem Dorf namens Capi, 15 Meilen von Cusco entfernt, auffanden. Sie wurden von ihm in eine schonungslose Schlacht verwickelt, wobei sie ihm eine große Anzahl Soldaten töteten und ihn vernichtend schlugen. Er selbst verließ fliehend die Seinen, ohne daß sie dessen gewahr worden wären, und entkam. Nachdem mein Vater und der Hauptmann Soto Kis Kis und alle seine Leute vernichtend geschlagen hatten, kehrten sie nach Cusco zurück, nicht ohne eine große Zahl von Soldaten damit beauftragt zu haben, Kis Kis nachzusetzen und ihn, wo immer sie ihn auch fänden, lebendig herbeizuschaffen.

Nach Cusco heimgekehrt, wurden mein Vater und der Hauptmann Soto nach der Niederlage des Kis Kis vom Marquis Don Francisco Pizarro, seinem ganzen Gefolge und den Einwohnern der Stadt bestens empfangen. Der Sieg über Kis Kis und seine Truppen ließ eine große Fröhlichkeit und Ausgelassenheit aufkommen. Am Schluß der Freudenkundgebungen zog sich mein Vater in seine Gemächer zurück, und

die Spanier gingen in die ihren. Am Morgen des nächsten Tages ließ mein Vater alle Leute, die von der Schlacht mit Kis Kis zurückgekehrt waren, und alle jene, die in der Stadt im Palast meines Vater wohnten, versammeln, um mit ihnen zu speisen[10]. Nach dem Essen ordnete er an, niemand solle es – unter Todesstrafe – wagen, irgendeine Person aus diesem neu in ihrem Land gelandeten Menschenschlag zu belästigen; wie Geschöpfe *Wiraqochas* – also «Gottes» – sollten sie alle achten und verehren. Und noch anderes befahl er: sie sollten ihnen Bedienstete, Indianer und Leute für ihr Haus[11] zur Verfügung stellen. Mein Vater selbst wählte einige seiner Diener aus, um sie in den Dienst des Marquis zu stellen. Nachdem dies alles ausgeführt war, rüstete mein Vater neuerdings Soldaten aus, um dem Verräter Kis Kis nachzusetzen, wobei er äußerte, er müsse, auch wenn er dazu bis ans Ende der Welt zu gehen habe, ihn einholen und ihn, wegen des Verrats an ihm selbst und an den *Wiraqochas,* töten.
Mein Vater rüstete sich mit allen für seinen Feldzug nötigen Dingen aus und gab Anordnungen für die Regierung der Stadt, wobei er seinen Bruder Paullu, Tisuq [oder Tikuq] und andere Hauptleute als Stellvertreter zurückließ; dann verabschiedete er sich vom Marquis mit dem Eid, er kehre nicht zurück, ehe er diesen Verräter Kis Kis unschädlich gemacht habe, und verließ Cusco am darauffolgenden Tag in Begleitung des Hauptmanns Soto und seines Gefolges [Januar 1534]. In knapp berechneten Tagesmärschen kamen sie schließlich zu einem Dorf namens Vinchu, 50 Meilen von Cusco entfernt[12], wo die Boten, die man nach der Schlacht von Capi zur Verfolgung des Kis Kis ausgesandt hatte, ihnen begegneten. Sie erklärten, sie hätten jenen Verräter überall gesucht, seien aber im ganzen Land weder auf Spuren von ihm noch auf Nachrichten über ihn gestoßen, außer der, daß

seine Hauptleute viele Überfälle verübten und es über ihn keine Nachrichten gebe.
Mein Vater war sehr bekümmert über den Bescheid, den die Boten ihm gaben, und wollte weiterziehen; er erhielt jedoch dort Briefe vom Marquis, in denen dieser die Einsamkeit ausmalte, unter der er in meines Vaters Abwesenheit litt, und ihn inständig bat, er möge zurückkehren. Aus Liebe zum Marquis trat mein Vater den Rückzug an, nicht ohne zuvor Boten in alle Landesteile ausgeschickt zu haben, wo dieser Verräter möglicherweise vorbeiziehen würde, damit alle, wo er auch Unterschlupf suchen sollte, ihn bekämpften und töteten. Kaum war das geschehen und kaum waren die Boten abgereist, die sich bis nach Quito – 400 Meilen entfernt – keine Ruhe gönnen durften (dort starb dann der Unglückliche, wie weiter hinten berichtet werden wird), kehrten sie nach Cusco zurück. Dort erfuhr mein Vater von dessen Ende: nach unzähligen Scharmützeln, in die dieser Verräter verwickelt worden war, nach verschiedenen Niederlagen, die er da und dort erlitten und dabei viele Leute durch Tod oder Entführung verloren hatte, kam es dazu, daß seine eigenen Scharen, die sich auf sozusagen nichts zusammengeschrumpft sahen, ihm mit großer Erbitterung seine Schurkereien und den Verrat an seinem König vorhielten und ihn enthaupteten.
Als mein Vater, befriedigt über den Tod jenes Verräters Kis Kis, sich einigermaßen erholt hatte, rief er sein ganzes Volk dazu auf, den Spaniern zu ihrem Unterhalt einen Kopftribut zu entrichten; und während man daran ging, den Tribut zur Befriedigung ihrer Bedürfnisse einzutreiben, übergab ihnen mein Vater eine Fülle von Schätzen, die er von seinen Vorfahren her besaß. Der Gouverneur und seine Gefährten nahmen sie höchst beglückt entgegen und dankten ihm dafür.

Wie die Spanier Manko Inka gefangennahmen

Als die Spanier sich nun mit solchem Reichtum überhäuft sahen, wollten sie in ihr Land heimkehren. Aber mein Vater, der sie in seinem Land noch als Neulinge betrachtete, ließ sie nicht ziehen, sondern sagte, er wolle sich noch mit ihnen vergnügen und sie in seinem Lande behalten; sie sollten ihr eigenes nur ausführlich über den Verlauf ihrer Reise benachrichtigen. Sie gingen gern darauf ein und wählten Gesandte aus, denen sie einen großen Teil des Schatzes für den Kaiser Don Carlos [Karl V.] mitgaben. Und in Gesellschaft meines Vaters verbrachten sie in Cusco viele Tage und vergnügten sich nach Lust und Laune. Aber die Gier, die ja beim Menschen so mächtig ist, packte sie derart, daß sie sich vom Teufel – Freund jeder Schlechtigkeit – verführen ließen und insgeheim miteinander besprachen und absprachen, wie und auf welche Weise sie meinen Vater quälen und eine größere Menge Silber und Gold als die, welche sie schon erpreßt hatten, von ihm erpressen könnten. Als mein Vater, einige Tage nach dieser Absprache, ruhig und gelassen in seinem Haus weilte, begaben sie sich mit mehr als hundert Spaniern in verräterischer Absicht zu ihm, unter dem Vorwand, ihn zu besuchen. Mein Vater, der sie kommen sah, empfing sie froh und beglückt, denn er meinte, sie seien wie andere Male schon gekommen, ihn zu besuchen. Da sie aber gekommen waren, ihren Verrat zu begehen, nahmen sie ihn fest und sagten: «Wir haben erfahren, Manko Inka, daß du dich, wie schon dein Bruder Atau Wallpa, gegen uns erheben und uns vernichten willst. Wisse aber, daß der Gouverneur uns aufgetragen hat, dich wie deinen Bruder Atau Wallpa zu verhaften und in Ketten zu legen, damit du außerstande seiest, uns zu schaden.»

Als mein Vater sie so entschlossen sah, rief er höchst erregt aus: «Was habe ich euch angetan, daß ihr mich in dieser Weise behandeln und wie einen Hund anketten wollt? So entgeltet ihr mir den Gefallen, den ich euch erwiesen habe, indem ich euch in dieses Land hereingelotst und so großzügig und liebevoll mit Dingen beschenkt habe, die ich hier besaß? Schlecht geht ihr vor: Seid ihr nicht jene, die behaupten, *Wiraqochas* und Abgesandte des *Teqsi Wiraqochan* zu sein? Ihr seid jedoch unmöglich dessen Söhne, denn ihr wollt denen, die euch so viel Gutes getan haben, Schlechtes antun. Habe ich euch vielleicht nicht eine große Menge Gold und Silber nach Cajamarca geschickt, und habt ihr etwa meinem Bruder nicht den ganzen Schatz entrissen, den ich dort von meinen Vorfahren her besaß? Habe ich euch in dieser Stadt nicht alles gegeben, was ihr gewünscht habt – das eine und das andere summiert ergibt eine Unsumme, mehr als sechs Millionen? Habe ich nicht euch und euren Dienern Bedienstete zur Verfügung gestellt und dem ganzen Land befohlen, euch Tribut zu leisten? Was mehr soll ich denn eurer Meinung nach tun? Urteilt selbst darüber, und ihr werdet sehen, daß ich mich zu Recht beklage.»
Wie geblendet von ihrer bösartigen Habgier antworteten da die Spanier und bemerkten: «Schon gut, *Sapay Inka!* Bemüht Euch nicht um Entschuldigungen, denn wir haben den Beweis, daß du dich im ganzen Land erheben willst. Hört her, Burschen, reicht uns ein Paar Fußeisen!»
Unverzüglich wurden diese gebracht und ohne den geringsten Respekt und ohne im mindesten darauf Rücksicht zu nehmen, wer er war und wieviel Gutes er ihnen erwiesen hatte, meinem Vater um die Füße gelegt. Und wie sich mein Vater so gefesselt sah, erklärte er voll Trauer: «Wahrlich, ich sage euch, ihr seid Teufel und nicht *Wiraqochas,* denn ohne

meine Schuld behandelt ihr mich so. Was wollt ihr denn?» Die Spanier entgegneten: «Wir wollen vorläufig nichts, außer daß du gefangen bleibst.» So gefangen ließen sie ihn mit einigen Wächtern zurück und begaben sich nach Hause, um dem Gouverneur, der an dieser Angelegenheit nicht ganz unschuldig war, über ihre Taten Bericht zu erstatten.

Als sich mein Vater seiner Gefangenschaft richtig bewußt wurde, kam eine große Kümmernis über ihn. Er wußte sich nicht zu helfen, denn niemand, außer seinen Landsleuten, vermochte ihn zu trösten.

Ich weiß nicht, wieviele Tage verstrichen, bis schließlich Hernando Pizarro und Juan Pizarro und Gonzalo Pizarro wieder mit mehreren anderen erschienen und zu meinem Vater sagten: «Herr Manko Inka! Wollt Ihr Euch immer noch mit Eurem Volk erheben?» Mein Vater sagte: «Mit meinem Volk soll ich mich erheben? Das Land gehört mir nicht mehr: mit wem soll ich mich denn eurer Meinung nach erheben?» Darauf antworteten die Spanier und sprachen: «Man hat uns berichtet, ihr wolltet uns töten, deswegen haben wir dich auch verhaftet. Ist dem aber nicht so und stimmt es nicht, daß du dich erheben willst, so tätest du gut daran, dich von deiner Pein freizukaufen, indem du uns ein wenig Gold und Silber gibst. Das sind wir nämlich suchen gekommen, und wir befreien dich, sobald du es uns aushändigst.» Aber da mischte sich Hernando Pizarro ein: «Wenn ihr ihn auch befreien wollt und er mehr Gold und Silber liefert, als in vier *bohíos* [Indianerhäuser[13]] Platz hat, so werde ich ihn meinerseits nicht freigeben, solange er mir die Frau *Qoya* [Königin, Schwester und Gemahlin des Inka] Qora Oqllo, seine Schwester, nicht zur Gemahlin gibt.» Das sagte er, weil er sie gesehen und sich in sie verliebt hatte, denn sie war sehr schön.

Als mein Vater sie so entschlossen sah, ihre üblen Absichten durchzusetzen, sagte er: «Das also befiehlt euch *Wiraqocha:* anderen gewaltsam Habe und Frauen zu entwenden? Bei uns ist dergleichen nicht üblich, und ich sage mit Bestimmtheit, daß ihr nicht Söhne *Wiraqochas,* sondern des *Supay* – so heißt der Teufel in unserer Sprache – seid. Nun gut, ich werde versuchen, euch etwas aufzutreiben.» Und sie erwiderten: «Denkt nur nicht, es könne irgend etwas sein. Du wirst uns mindestens soviel geben, wie du uns bei unserer Ankunft gabst: das war ein Schatz, der nicht einmal im größten *galpón* [Halle] von Indianern Platz fand.» Mein Vater, der sie so zudringlich und entschlossen sah, sagte, um keine weiteren Worte zu verschwenden: «Geht, ich werde tun, was ich kann, und euch dann benachrichtigen.» Noch halb im Zweifel darüber, ob sich dies verwirklichen würde oder nicht, zogen die Spanier ab. Anderntags ließ mein Vater im ganzen Land den Aufruf ergehen, die gesamte Bevölkerung solle sich versammeln, um Schätze in jener Menge, wie es die Spanier von ihm so hartnäckig verlangten, aufzubringen. Und als sie alle versammelt waren, hielt er ihnen folgende Ansprache:

Manko Inka Yupankis Ansprache an seine Leute über das Aufbringen des Schatzes, den er den Spaniern während seiner ersten Gefangenschaft aushändigte

«Meine Brüder und Söhne: In früheren Tagen habe ich euch schon einmal auf diese Weise versammeln lassen, um euch eine neue Art von Menschen vorzustellen, die in unserem Land vor Anker gegangen waren, diese Bärtigen nämlich, die hier in dieser Stadt weilen; dies geschah auch deswegen, weil sie behaupteten, *Wiraqochas* zu sein und es ihrer Kleidung nach auch zu sein schienen. Euch allen befahl ich, ihnen zu dienen und zu huldigen, als gälte es mir persönlich, und ihnen auch von dem, was es in euren Landstrichen gibt, Tribut zu leisten. Ich wähnte nämlich, es seien dankbare Leute, Abgesandte von jenem, der ihren Worten nach *Teqsi Wiraqochan* – also ‹Gott› – zu sein schien; ich glaube jedoch, meine Vorstellungen haben sich als verkehrt erwiesen, denn wisset, meine Brüder, daß sie nicht Söhne *Wiraqochas,* sondern des Teufels sind, wie sie es mir bewiesen haben, seit sie im Land sind; denn teuflisch ist, was sie mir seit ihrer Ankunft angetan haben und antun, wie ihr mit eigenen Augen sehen könnt. Wenn ihr mich wirklich liebt, so müßt ihr, denke ich, großen Schmerz und Kummer dabei verspüren, euren König in Ketten gefangen und ohne Schuld mißhandelt zu sehen, und zwar nur deswegen, weil ich solche Leute ins Land eingelassen und mir so selbst die Schlinge um den Hals gelegt habe. Wenn ihr mir einen Gefallen tun wollt, so sucht, bei eurem Leben, so schnell wie möglich eine vernünftige Menge von Gold- und Silberzeug aufzutreiben – danach lechzen sie ja –, damit ich mich von meiner Pein freikaufen und dieser Gefangenschaft, in der ihr mich mit euren eigenen Augen schmachten und leiden seht, entrinnen kann.»

Wie die Indianer dem gefangenen Manko Inka auf die Bitte antworteten, diesen Schatz zusammenzutragen

Und wie die ganze versammelte Bevölkerung aus den vier Teilen des Landes, in die es durchgehend eingeteilt ist... Das Land – mehr als 1200 Meilen lang und beinahe 300 Meilen breit – ist nämlich im Sinne der Weltbeschreibung folgendermaßen unterteilt: in Osten, Westen, Norden und Süden, die

wir, im Kreis herum und unserem Gebrauch folgend, *Anti-Suyu, Chinchay-Suyu, Kunti-Suyu* und *Kolla-Suyu* nennen; *Anti-Suyu* den Osten, *Chinchay-Suyu* den Norden, *Kunti-Suyu* den Westen, *Kolla-Suyu* den Süden. Diese Einteilung ließen wir von Cusco entspringen, das Zentrum und Haupt [-stadt] des ganzen Landes ist. Meine ihrem Ursprung gemäß dort wohnenden Vorfahren nannten sich deshalb, auch ihrer zentralen Stellung und Lage wegen, Herren des *Tawantin-Suyu,* das heißt Herren der vier Teile der Welt: sie waren ja überzeugt, es gäbe nur diese eine Welt. Aus diesem Grund schickten sie jeweils von hier aus Boten in alle Landesteile, wie es mein Vater jetzt bei der eben erwähnten Versammlung tat, damit die ganze Bevölkerung sich in der Hauptstadt einfinden möge. So drückten sie sich der vielen, unmöglich zu zählenden Leute wegen aus, die sich jeweils dort einfanden. Und wenn auch in Cajamarca und bei der Verfolgung von Kis Kis und in vielen anderen Scharmützeln und Gefechten, die ich, um nicht weitschweifig zu werden, verschweige, unzählige Leute umgekommen waren, so fanden sich in dieser Versammlung, die Würdenträger nur gerechnet, mehr als zehntausend ein. Und wie sie vor meinem Vater versammelt waren und ihn in solch mißlicher Lage vorfanden, riefen sie unter großem Wehklagen aus:
«*Sapay Inka:* Könnte es ein Herz geben auf dieser Welt, das beim Anblick unseres so bedrückten und von Schmerz gepeinigten Königs nicht zerbräche und vor Jammer schmölze?[14] Indem du, *Sapay Inka,* derartige Leute in dein Land eingelassen hast, begingst du zwar einen schweren Fehler. Aber da das Geschehene geschehen ist und anders nicht daran gerüttelt werden kann, sind wir, deine Untertanen, gerüstet, bereitwillig alles zu tun, was du uns zu befehlen beliebst. Wir meinen damit nicht nur das, was du uns herbeizuschaffen be-

fiehlst: das ist nichts neben dem, was wir dir schulden und verdanken. Und sollte das, wovon du sprichst, nicht genügen und es sich aufdrängen, uns selbst, unsere Frauen und unsere Kinder zu verkaufen, um dich von deiner Qual zu erlösen, so werden wir es, um dir zu dienen, bereitwillig tun. Und wisse, mein Herr, daß du nur zu befehlen brauchst, dieses oder jenes sei herbeizuschaffen, und zur gewollten Stunde wird dein Auftrag vollkommen und haargenau erledigt sein, und wenn es auch gälte, die Erde mit den bloßen Händen aufzuschürfen.»

Als mein Vater Manko Inka Yupanki sah, wie bereitwillig sich seine Untertanen anerboten, seine Wünsche zu erfüllen, dankte er ihnen und sagte: «Wahrlich, ihr *Apus* (das heißt ‹Herren›), ich bin euch sehr verpflichtet für die von euch bewiesene Bereitschaft, mich dank dem Opfer eurer selbst und eurer Güter von der Qual zu erlösen, der ich ausgesetzt bin. Ich gebe euch mein königliches Wort, daß ihr dabei nicht schlecht fahren werdet; ich werde es euch, wenn ich nicht sterbe, entgelten. Ich habe mir ja alles selbst eingebrockt, indem ich so schlechte Leute in mein Land hereingelassen habe; ich werde es aber auch auszulöffeln wissen. Ihr würdet mir einen großen Gefallen tun, euch beim Herbeischaffen besagten Schatzes möglichst zu beeilen, denn ich leide sehr darunter, mich auf diese Weise gefangen und mißhandelt zu sehen. Und damit mich diese da nicht länger plagen, werdet ihr mir jenen *bohío* dort – es handelte sich um ein großes Haus – bis zum Bersten mit Gold und Silber anfüllen müssen; bei diesem Anblick werden sie vielleicht aufhören, mich zu belästigen.»

Die Hauptleute und die anderen Leute erwiderten einstimmig: «*Sapay Inka,* mein Herr, das ist nichts neben dem, was wir dir verdanken. Dein Auftrag wird unverzüglich erfüllt werden.» Und so verabschiedeten sich alle, um zu holen, was mein Vater von ihnen verlangt hatte. Nach kurzer Zeit waren sie mit den gewünschten Dingen zurück, die den Anordnungen meines Vaters gemäß aufgehäuft und bereitgestellt wurden. Am anderen Tag ließ mein Vater die Spanier herbeiholen: sie folgten unverzüglich seinem Ruf.

Wie die Spanier in Mankos Haus eintrafen, als dieser immer noch gefangen war, und was nach deren Ankunft vorfiel

Nachdem die Spanier dort eingetroffen waren, wo mein Vater gefangen und mit Fußeisen angekettet war, begrüßten sie ihn, wie sie es bei früheren Gelegenheiten getan hatten, und auch mein Vater zollte ihnen die gewohnte Achtung, als er sie ankommen und in sein Haus eintreten sah. Er begann das Gespräch, indem er sich zuerst nach dem gerade abwesenden *Macho Capito* [alter «Hauptmann»] erkundigte. Er fragte, sich an Hernando Pizarro wendend: «Wo ist der *Macho Capito?*» Hernando Pizarro gab zur Antwort, er sei, unpäßlich, zu Hause geblieben; aber mein Vater, der ihn zu sehen wünschte, sagte: «Sollten wir ihn denn nicht rufen?» Und Gonzalo Pizarro und die anderen sprachen: «Wie du willst, Manko Inka, ruft ihn her; es wäre angebracht, ihn in deinem Namen herrufen zu lassen.» Und mein Vater sandte einige seiner Hauptleute, um bei ihm vorzusprechen, aber der Gouverneur antwortete den Hauptleuten, er sei gerade unpäßlich, er werde sich aber, kaum fühle er sich etwas besser, meinem Vater zur Verfügung stellen. Als mein Vater vernahm, daß er nicht kommen würde, richtete er folgende Worte an die Spanier:

Die Ansprache des gefangenen Inkas an die Spanier, als er ihnen den ersten Schatz aushändigte

«Meine Herren: Seit vielen Tagen tut ihr mir das Unrecht an, mich so zu behandeln, wie ihr es tut, während ich euch doch keinen Anlaß dazu gegeben habe, zumal ich euch in mein Land hereingelassen und mit großen Ehren und viel Aufwand in meine Stadt und in mein Haus eingeladen und euch freigebig überlassen habe, was ich in meinem Land und in meinem Haus besaß. Und das war, wenn ihr es euch überlegen wollt, nicht gerade wenig: mehr als zwei Millionen in Gold und Silber – mehr als alles, was euer König sein eigen nennt. Und ihr wißt genau, daß es in meiner Hand lag, euch ins Land hereinzulassen oder nicht, denn hätte ich es nicht gewollt, so hättet ihr, und wärt ihr auch zehnmal so zahlreich gewesen, nicht eindringen können. Ihr könnt nicht wissen, wie mächtig die ganze Bevölkerung meines Landes ist und wie viele Festungen und Truppen es darin gibt. Ihr solltet euch erinnern, wie wohlwollend ich euch einlud, ohne daß ihr mich dazu hättet auffordern müssen, und wie ich euch zum Zeichen der Freundschaft entgegenschickte, was ich nur konnte, weil man mir gemeldet hatte, ihr seiet *Wiraqochas* und Abgesandte von *Teqsi Wiraqochan.* Ihr solltet euch auch erinnern, daß ich euch gleich nach eurer Ankunft Bedienstete zur Verfügung stellte und die ganze Bevölkerung des Landes versammelte, um sie zu bitten, euch Tribut zu leisten. Und zum Lohn dafür wie auch für die von mir bewiesene Hingabe und Bereitwilligkeit habt ihr mich unter dem Vorwand, ich wolle mich gegen euch auflehnen und euch umbringen, gefangengenommen und in die gegenwärtige Lage versetzt, obschon ich doch nichts Derartiges im Sinn hatte. Die Habgier, ich weiß es nur zu gut, hat euch verblendet und zu so unsinnigem Tun angestiftet; ihretwegen habt ihr mich so mißhandelt. Niemals hätte ich gedacht, daß Menschen, die zunächst im günstigsten Licht erscheinen und sich zudem rühmen, Söhne *Wiraqochas* zu sein, sich solcher Taten schuldig machen würden. Bei eurem Leben, gebt mich frei und begreift, daß ich euch kein Leid antun, sondern ganz gefällig sein will. Um eure Habgier zu sättigen – ihr hungert ja buchstäblich nach Silber –, wird man euch dort drüben geben, was ihr wünscht. Aber paßt auf, ihr bekommt es mit der Verpflichtung, mich und die ganze Bevölkerung dieses Landes nicht mehr weiter zu quälen und zu mißhandeln. Und wähnt nicht, ich überlasse es euch aus Angst: aus freien Stükken tu ich's. Warum sollte ich euch auch fürchten, wo doch das ganze Land unter meiner Herrschaft und Befehlsgewalt steht? Und wünschte ich es, so könnten euch meine Landsleute in kürzester Zeit verjagen. Wähnt auch nicht, ich mache mir irgend etwas aus den Fesseln, mit denen ihr mich gefangenhaltet: hätte ich es gewollt, so wäre es mir ein leichtes gewesen, mich davon zu befreien. Ich habe es jedoch nicht getan, damit ihr versteht, daß mein Vorgehen der Liebe, nicht der Furcht entspringt; deswegen habe ich es mit euch gehalten und tue es weiterhin so, wie ich ausgeführt habe. Wir wollen fortan in Frieden leben und Freundschaft und Geselligkeit pflegen; sollte das nicht zustande kommen, so würdet ihr, wie ihr wohl wißt, *Wiraqocha* – nämlich ‹Gott› – und eurem König Schmerz bereiten.»

Und wie mein Vater seine Ansprache beendet hatte, dankten ihm alle Spanier, die mit Hernando Pizarro, Gonzalo Pizarro und Juan Pizarro gekommen waren, für seine Worte, und noch mehr für die Geschenke – den Schatz und die übrigen Schmuckstücke. Und sie bedankten sich alle zusammen wie folgt:

Wie sich die Spanier bei Manko Inka für den Schatz und die Schmuckstücke bedankten, die er ihnen bei seiner Freilassung aushändigte

«Herr Manko Inka: Wir alle, die wir hier zugegen sind, und auch der Herr Gouverneur Don Francisco Pizarro, wissen bestens, daß wir es Ihrem Rang und Ihrer Abstammung von einem Vater, wie Wayna Qapaq es war, zu verdanken haben, wenn wir das Land besitzen, das uns heute gehört, und uns darin so fühlen, wie wir uns fühlen: glücklich und erfreut darüber, hier zu sein. Wären Euer Gnaden nicht, wer Sie sind, nämlich eine Person königlichen Geblüts, so hätten wir nicht das Land, das wir jetzt haben, und besäßen nicht die Reichtümer, die wir aus Ihren so großzügigen Händen entgegengenommen haben und besitzen. Möge es unserem allmächtigen Herrn Gott (den Euer Gnaden *Wiraqocha* nennen), unserem Vater in seiner göttlichen Majestät gefallen, den von Ihnen bewiesenen guten Willen und die uns erwiesenen Wohltaten zu entgelten, indem er Ihnen zum Bewußtsein bringt, wer Seine heiligste Majestät ist, damit Sie Ihn dank der Erkenntnis lieben lernen, dank Ihrer Liebe von Ihm erfüllt werden und, von Ihm erfüllt, in Seinem Reich sich Seiner auf ewig erfreuen dürfen, wie auch wir, erfüllt von der Gnade Eurer Hoheit, uns ihrer erfreuen.» Hernando Pizarro fügte im Namen aller hinzu: «Alle diese Edelleute und ich selbst sind äußerst beglückt über die Gunst, die Euer Gnaden uns in allem erwiesen haben. Wir sind nun verpflichtet, Ihnen unser ganzes Leben lang zu dienen, und beteuern, daß wir, diese Herren und ich, Ihnen weder jetzt noch irgendwann Leid zufügen werden, es sei denn, es beständen triftige Gründe dazu.»

Nach diesen Worten und den an meinen Vater gerichteten Dankbezeigungen der Spanier befahl mein eben erwähnter Vater, ihnen den bereitgestellten Schatz auszuhändigen. Sie nahmen ihn in Empfang, ließen ihn jedoch unberührt, um zuerst dem Gouverneur über alles Vorgefallene Bericht zu erstatten. Während die anderen abwarteten, machten sich einige Männer unverzüglich auf, ihn zu holen, damit er sich erstens bei meinem Vater für solch einen Schatz bedanke und zweitens bei dessen Übernahme und Aufteilung anwesend sei. Wie sich später herausstellen sollte, waren die Spanier auf Wunsch des Gouverneurs meinen Vater aus dem Gefängnis befreien gegangen. Ohne dessen Geheiß wären sie nämlich nicht gegangen. Einige von ihnen waren ihn also rufen gegangen, damit er sähe, daß mein Vater schon befreit war. Kaum hatte er das Vorgefallene und die Freilassung meines Vaters erfahren, eilte er herbei. Bei seinem Eintreffen begrüßte er meinen Vater mit folgenden Worten:

Die Ankunft des Gouverneurs im Hause Manko Inkas

«Gott bewahre Euer Gnaden, Herr Manko Inka. Einer leichten Unpäßlichkeit wegen habe ich vorher nicht mit diesen Edelleuten kommen können, Eurer Gnaden Hände zu küssen. Es hat mich ziemlich geschmerzt, nicht tun zu können, was ich so sehnlich wünschte: Euer Gnaden entgegenzutreten. Aber dieses momentane Versäumnis, das, wie gesagt, meiner Unpäßlichkeit zuzuschreiben ist, wird sich in Zukunft nicht wiederholen. Von Ihrer Verhaftung war ich überaus schmerzlich berührt, zumal sie vielleicht grundlos war; sollte dem so sein, so wäre mein Schmerz um so größer,

Der Inka – auf ketschua: «Ißt du dieses Gold?»
Der Spanier – auf spanisch: «Dieses Gold essen wir.»

und leider muß ich annehmen, wenn ich an die Güte Eurer Gnaden denke, daß dem tatsächlich so ist. Und weil ich stets von Ihrer Güte überzeugt gewesen war und immer noch bin, bat ich diese Herren, Euer Gnaden nicht derart zu quälen. Ich bin doch sicher, daß jemand, der uns so entgegenkommend in sein Land hereingelassen und uns dieses ohne weiteres mitsamt dessen Schätzen ausgeliefert hat, sich unter keinen Umständen leicht dazu anstiften läßt, etwas zu unternehmen, was er besser unterlassen würde. Ich beschwöre Sie, Euer Gnaden, sich nicht vom Schmerz überwältigen zu lassen, denn diese edlen Herren und ich selbst werden von nun an alles daran setzen, Ihnen keinen solchen mehr zu bereiten, sondern, im Gegenteil, ihnen die Achtung zu zollen, die einer Person vom Range Eurer Gnaden angemessen ist. Euer Gnaden, so scheint es mir, verhalten sich diesen Herren und mir selbst gegenüber nach wie vor so, wie wir es von Ihnen gewohnt sind, was ich aus den Reichtümern und aus dem Schatz schließen darf, mit denen Sie uns beschenkt haben, sowie aus dem Anteil, der mir in meiner Eigenschaft als Gouverneur zufällt, und dem Fünftel, das Seiner Majestät bestimmt ist. Ich küsse Euer Gnaden die Hand, denn ich weiß, Seine Majestät wird sehr befriedigt sein von den Geschenken, die sich zu jenen gesellen, die ich bereits abgesandt habe[15]. Ich bleibe Ihnen für diese Gunst in einem Maße verpflichtet, wie ich es nicht in Worte zu kleiden vermag.»

Die Antwort Manko Inkas an den Gouverneur

«Sei willkommen, *Apu* (das heißt ‹Herr›): Schon seit vielen Tagen wünschte ich dich zu sehen, und ich weiß nicht, aus welchem Grunde du mir diesen Gefallen nicht tun wolltest.

Ich wünschte deinen Besuch sehnlichst herbei und habe dich wer weiß wie oft rufen lassen, um mich über deine Soldaten zu beschweren. Um ihnen gefällig zu sein, hast du es unterlassen, mir eine Freude zu bereiten, obwohl ich gewünscht und alles daran gesetzt habe, dich zufriedenzustellen. Meine guten Absichten und mein Wohlwollen habt ihr mit Schlechtem vergolten. Ohne daß ich ihnen etwas zuleide getan hätte, haben mich diese Soldaten da gequält und gepeinigt, indem sie mich mit eisernen Fesseln hier anschmiedeten, als wäre ich ihr Sklave oder ein *llama* [*Lama:* ein Ketschuawort] – das sind Schafe. Diese Foltern scheinen mir eher auf Habgier als auf ungestüme Heldenhaftigkeit hinzuweisen. Offensichtlich habt ihr mich weniger um der Macht willen, die ihr über mich ausüben könntet, als aus unnachgiebiger Habgier gefangengehalten. Wie du selbst gesehen hast und bezeugen kannst, habt ihr uns nicht mit Waffengewalt, sondern mit schönen Worten geschlagen. Hättet ihr nicht behauptet, Söhne und Abgesandte *Wiraqochas* zu sein, und hätte ich der Bedeutung eures betörenden Geschwätzes keinen Glauben geschenkt, so möchte ich gern wissen, wie es euch beim Einmarsch in mein Land ergangen wäre. Und weil ich mich euch gegenüber so verhalten habe, wie ich es getan habe, behandelt ihr mich auf diese Weise. Ein schönes Entgelt bezahlt ihr mir für das Entgegenkommen, das ich euch erwiesen habe. Um ihren Belästigungen zu entgehen, habe ich deinen Soldaten da wer weiß wieviel Gold und Silber übergeben. Laß es deinen Wünschen gemäß verteilen. Und vergiß nicht, wenn du ein rechter *Apu* bist, ihnen zu befehlen, mir in Zukunft keinen Ärger mehr zu bereiten, denn auch ich wünsche ihnen keinen zu verschaffen. Und laß es dir gesagt sein: sollten sie mich reizen wollen, so werde ich dafür sorgen, daß sie es bereuen.» Der Gouverneur hörte die Antwort meines Vaters an, war davon sehr befriedigt und hieß die Spanier, jenen Schatz in Empfang zu nehmen. Er sagte: «Laßt uns in Empfang nehmen, was uns der Herr Manko Inka Yupanki so großzügig überreicht. Nicht erst heute, sondern seit längerer Zeit schon bezeigt er uns große Gunst. Und denkt daran, meine Herren, daß wir, seit wir in seinem Land sind, schon vieles von Herrn Manko Inka erhalten haben, und daß wir seine Großzügigkeit schlecht entgelten. Von jetzt an, bei eurem Leben, sollt ihr ihm Achtung und Hochschätzung zollen, denn er verdient es.» In der Begeisterung über den Schatz, den mein Vater ihnen geschenkt hatte, antworteten die Soldaten dem Gouverneur höchst erfreut:

Wie Hernando Pizarro und Gonzalo Pizarro und Juan Pizarro und die übrigen Soldaten dem Gouverneur antworteten

«Wahrlich, Euer Durchlaucht haben mehr als recht, uns zurechtzuweisen und solche Dinge vorzuwerfen. Wäre ein Funken Einsicht in uns gewesen, so hätten wir nicht auf diese Weise gehandelt, sondern wären demjenigen dankbar gewesen, der uns Gutes tat. Fürderhin soll alles so geschehen, wie Euer Durchlaucht es befehlen.»
Nachdem die einen und die andern fertig gesprochen hatten, gingen alle Spanier daran, den Schatz pro Kopf aufzuteilen, indem sie einen jeden seinem Range nach berücksichtigten. Verteilt wurde er von Hernando Pizarro, dem Hauptanstifter des Unternehmens, denn er war es, der meinen Vater gefangenengenommen hatte. Sie teilten den Schatz schließlich sackweise auf, denn in Anbetracht seines Umfangs hätte es zu lange gedauert, ihn nach Gewicht aufzuteilen. Und als sie

den Schatz endlich untereinander verteilt hatten, richtete mein Vater folgende Worte an den Gouverneur, um seine Dankbarkeit auszudrücken:
«*Apu*: Du hast, glaube ich, dazu beigetragen, daß diese Soldaten mich aus meiner Gefangenschaft entlassen haben, die sich als nicht gerechtfertigt erwiesen hat. Ich bitte dich, nicht gleich davonzueilen, sondern zum Zeichen unseres Freundschaftsbündnisses mit mir zu speisen. Was ich versprochen habe, so hoffe ich, wird von meiner Seite her nicht mißachtet werden.»
Diese Aufforderung war billig und ungefährlich, und der Gouverneur ging, um meinem Vater einen Gefallen zu tun, darauf ein. Alle ließen sich im Saal nieder, wo mein Vater weilte, und empfingen dort, in heiterer und ausgelassener Stimmung, Speise und Trank.
Nachdem das Bündnis durch diesen Imbiß besiegelt war, ging ein jeder mit dem Anteil, der ihm bei der Schatzverteilung zugefallen war, nach Hause. Es ist anzunehmen, daß sie den Gouverneur nach Hause begleiteten und sich dort, ein jeder für sich, über ihren Anteil freuten. Aber diese Freude war, wie sich gleich herausstellen wird, nicht von Dauer, denn der Teufel, schlecht wie nur einer und Freund von Meinungsverschiedenheiten und Unstimmigkeiten, ist stets am Werk.

Der Aufruhr Gonzalo Pizarros gegen den Inka

Kaum waren, wie mein Vater mir erzählt hat, drei Monate vergangen, als sich der Neid – Feind jeder Art von Güte – bei Gonzalo Pizarro einnistete. Erstens, weil ihm aufgegangen war, daß sein Bruder schlicht und einfach deswegen soviel

Gold und Silber bekommen hatte, weil er zur Zeit, wo er *Corregidor* [Richter] war, meinen Vater aus bloßer Habgier gefangengenommen hatte. Zweitens, weil er sich dank der Abwesenheit des Marquis Don Francisco Pizarro im Besitz des Gouverneurstabs und der Befehlsgewalt sah, und mit Hilfe dieses Stabs und auf Kosten meines Vaters seine Macht und Pracht zu demonstrieren wünschte: Der Marquis hatte sich nämlich gerade unter großen Liebes- und Freundschaftsbezeugungen und in bestem Einvernehmen mit meinem Vater verabschiedet und war nach Lima aufgebrochen. Also unterschob besagter Gonzalo Pizarro meinem Vater die Absicht, einen Aufstand entfesseln und sie dabei eines Nachts im Schlaf überrumpeln zu wollen. Unter diesem Vorwand versah er sich mit Waffen und wiegelte seinen Bruder Juan Pizarro und andere auf, meinen Vater gefangenzunehmen. So begaben sie sich alle zusammen zu einem Gebäude, wo mein Vater sich mit den Seinen an einem Fest ergötzte, das zu jener Zeit stattfand [Ende 1535]. Bei ihrer Ankunft wurden sie von meinem Vater, der von der drohenden Verschwörung nichts ahnte, äußerst wollwollend und leutselig empfangen. Aber jene, ganz von ihrer tückischen Absicht erfüllt, warteten ab, bis er aus irgendeinem Grund nach Hause gehen mußte, und folgten ihm; als er gerade das Haus wieder verließ, nahmen sie ihn dort fest, wobei der Gonzalo Pizarro folgende Worte sprach:

Mankos zweite Gefangennahme – durch Gonzalo Pizarro

«Herr Manko Inka: Vor wenigen Tagen kamt Ihr mit meinem Bruder Hernando Pizarro überein, keine weiteren Un-

ternehmungen mehr anzuzetteln und anzustiften. Ihr habt aber, so scheint mir, Euer Versprechen nicht gehalten, denn wir haben erfahren, daß Ihr in der Absicht, heute nacht über uns herzufallen, viele Leute versammelt habt. Gebt Euch also im Namen des Königs gefangen, aber wähnt nur nicht, es werde so harmlos sein wie letzthin, als Ihr ausrieft, Ihr machtet Euch nichts aus unseren Ketten. Jetzt werdet Ihr selbst spüren können, ob sie sich zerbrechen lassen oder nicht.»
Und im Handumdrehen ließ Gonzalo Pizarro ein Paar Fußeisen und eine Kette herbeischaffen, um ihn damit nach seinem Geschmack anzuketten. Er befahl, ihm besagte Fußeisen und Ketten unverzüglich anzulegen. Als mein Vater merkte, in welch schmähliche Lage sie ihn versetzen wollten, suchte er sich mit folgenden Worten zu verteidigen:

Die Antwort Manko Inkas

«Was für ein Spiel treibt ihr mit mir, indem ihr mich immer wieder verhöhnt? Wißt ihr denn nicht, daß ich ein Sohn des Tagesgestirns und ein Sohn *Wiraqochas* bin, wie ihr euch brüstet? Bin ich etwa der erste beste oder irgendein Indianer niedriger Herkunft? Wollt ihr riskieren, das ganze Land in Entrüstung zu versetzen und allesamt zerstückelt zu werden? Mißhandelt mich nicht, ich habe euch dazu keinen Anlaß gegeben. Meint ihr, ich mache mir etwas aus euren Fesseln? Ich schätze sie weniger hoch ein als den Boden, den ich mit Füßen trete.»
Als Gonzalo Pizarro und seine Unteroffiziere meinen Vater derart erbost sahen, stürzten sie sich alle auf ihn, um ihm die Kette um den Hals zu legen. Sie sagten: «Verteidigt Euch nicht, Manko Inka. Seid gewiß, daß wir Euch an Händen

und Füßen so kunstgerecht fesseln werden, daß die vereinte Weltbevölkerung Euch nicht zu befreien vermöchte. Wir verhaften Euch nämlich im Namen und auf Geheiß Seiner Majestät, nicht etwa eigenmächtig. Und wenn es auch so wäre: jetzt habt Ihr uns viel mehr Gold und Silber auszuhändigen als letztes Mal, und zudem müßt Ihr mir die Frau *Qoya* Qora Oqllo, Eure Schwester, zur Frau geben.» Und alle zusammen, die dabei waren, legten ihm auf der Stelle die Kette um den Hals und die Eisen um die Füße.

III
Diplomatie oder Krieg: das Zögern Manko Inkas

Die Ansprache Manko Inkas, als er zum zweitenmal gefangen war

Als sich mein Vater auf so unverschämte und entehrende Weise verhaftet und angekettet sah, äußerte er, zutiefst gekränkt, folgende Worte:
«Bin ich denn ein Hund, ein Schaf oder sonst eines eurer *uywas* [Haustiere], daß ihr mich, um meine Flucht zu verhindern, derart ankettet? Bin ich ein Dieb oder habe ich an *Wiraqocha* oder an eurem König Verrat geübt? Keineswegs. Weshalb denn, wenn ich weder ein Hund noch sonst eines der Geschöpfe bin, die ich eben erwähnt habe, geht ihr so mit mir um? Wahrlich, ich sage euch und bestehe darauf: ihr seid eher Söhne des *Supay* als Diener – von Söhnen schon gar nicht zu reden – *Wiraqochas.* Denn wärt ihr, wie ich früher schon gesagt habe, zwar keine Söhne, aber wenigstens Diener *Wiraqochas,* so würdet ihr einerseits nicht mit mir umgehen, wie ihr es tut, sondern darauf achten, wer und wessen Sohn ich bin, und wie groß meine Macht, die ich aus Rücksicht auf euch aufgegeben habe, war und immer noch ist. Andererseits würdet ihr bedenken, daß euch seit eurer Ankunft nichts von allem, was es in meinem ganzen Land gibt, sei es nun Großes oder Kleines, Erhabenes oder Niedriges, verweigert worden ist. Im Gegenteil: hatte ich vorher Reichtümer, so besitzt ihr sie jetzt; hatte ich Leute, so dienen sie jetzt euch, Männer und Frauen, Junge und Alte, sogar Minderjährige; hatte ich Ländereien, so sind jetzt die besten, die es in meinem Land überhaupt gibt, in eurer Macht. Gibt es irgend et-

was auf der Welt, was ich euch, als ihr es brauchtet, nicht verschafft habe? Eines ist sicher: ihr seid undankbar und würdig, unterzugehen!»
Gonzalo Pizarro und Juan Pizarro und die anderen, die sie begleitet hatten, achteten überhaupt nicht auf die an sie gerichteten Worte meines Vaters und bemerkten mit einer gewissen Verachtung: «Seien Sie nur ruhig, seien Sie ruhig, Herr *Sapay Inka,* erholen Sie sich ein wenig, Sie sind im Augenblick sehr erregt. Morgen haben wir Zeit genug, darüber zu sprechen. Geben Sie sich alle Mühe, die nötigen Anordnungen zu treffen, damit viel Gold und Silber zusammenkommt, und vergessen Sie nicht, uns die *Qoya* auszuhändigen: es liegt mir viel daran, sie zu bekommen.» So äußerte sich Gonzalo Pizarro. Nachdem die Spanier meinem Vater so tröstend zugesprochen hatten, brachen sie auf, in ihren Häusern das Mittagessen einzunehmen, denn diese Gefangennahme hatte am Morgen stattgefunden. Und sie verschwanden in ihren Wohnungen, nicht ohne eine gute Garde zum Bewachen meines Vaters zurückgelassen zu haben. Alle Leute, die sich auf einem Platz namens Puma Kurku [im Norden der Stadt] aufhielten, von wo mein Vater sich an jenem Morgen vom gemeinschaftlichen Essen erhoben hatte, um in seinem Haus etwas zu erledigen, wobei er von den Spaniern verhaftet worden war... sie alle eilten äußerst bestürzt zu dem Gebäude, wo mein Vater weilte, um zu sehen, weshalb er in all der Zeit, die verstrichen war, nicht zur *pampa* [Platz, Ebene] zurückgekehrt war. Beim Tor angelangt, stießen sie auf die Diener meines Vaters, die angesichts der Gefangennahme ihres Herrn alle sehr erregt und dem Weinen nahe waren. Den Hauptleuten und anderen Personen, die herbeigeeilt waren, um in Erfahrung zu bringen, was eigentlich vorging, verschlug es die Sprache; ihr Inneres war ein einziger Aufschrei.

Und die einen befragten verwundert die anderen: «Was ist los? Was ist los?» Und in größter Erregung bahnten sich die höchsten Würdenträger des ganzen Landes einen Weg ins Innere des Hauses, um festzustellen, was tatsächlich vorging, und um zu sehen, wie es meinem Vater ging. Indem sie weiter ins Innere vordrangen, wozu man ihnen die Bewilligung erteilt hatte (ohne die niemand eintreten durfte), gelangten sie dahin, wo mein Vater wie beschrieben gefangen war. Bei diesem Anblick brachen sie – unerhört muß es gewesen sein – alle in ein lautes Wehgeschrei aus. Aber einer von ihnen, Willaq Umu [der wortgewaltige Priester] genannt, der in meines Vaters Namen das ganze Land als dessen Oberbefehlshaber regierte, richtete sich mit lauter Stimme an alle Anwesenden und fuhr, sich zu beherrschen suchend, meinen Vater an.

«*Sapay Inka:* Was haben denn diese *Wiraqochas* im Sinn? Heute nehmen sie dich gefangen, morgen lassen sie dich frei. Sie scheinen Schabernack mit dir zu treiben, aber es erstaunt mich nicht, daß sie dich auf solche Weise behandeln: du hast es ja selbst dadurch herbeigeführt, daß du, aus freien Stücken und ohne uns um unsere Meinung zu bitten, so boshafte Leute ins Land eingelassen hast. Hättest du mir die Sache überlassen, als sie dort eintrafen, wo du jetzt bist, so hätten ich und Challku Chima sie mit den uns treuen Scharen wohl oder übel am Einmarsch gehindert, das verspreche ich dir. Und ich glaube kaum, es wäre uns so schlecht ergangen, wie es uns deiner Güte wegen ergangen ist. Hättest du uns nur nicht gesagt, sie seien *Wiraqochas* und Abgesandte des *Hatun Wiraqochan* – des ‹großen Gottes› –, und hättest du uns nur nicht eingeschärft, ihnen als solchen zu gehorchen und Achtung zu erweisen, wie du es selbst tatest! Es fehlte uns gerade noch, so gequält und gepeinigt zu werden, wie es uns gegenwärtig geschieht: unserer Güter, unserer Frauen, unserer Söhne und Töchter, unserer Äcker verlustig zu gehen und Untertanen zu werden von jemandem, den wir nicht kennen, und in solchem Maße unterdrückt und geplagt zu werden, daß man uns sogar zwingt, den Schmutz ihrer Pferde mit unseren Umhängen [Ponchos] zu reinigen. Wisse, mein Herr, auf welcher Stufe der Erniedrigung wir deinetwegen angelangt sind, und wundere dich nicht, so behandelt zu werden, denn du selbst hast es verschuldet. Du weißt wohl, wie ich dich damals, als du ihnen nach Vilcaconga entgegengehen wolltest, zurückzuhalten suchte und oftmals davor warnte, sie in dein Land eintreten zu lassen. Kaum hatte man uns die Nachricht überbracht, sie seien bei uns an Land gegangen, anerbot ich mich – wenn du dich noch daran erinnerst –, sie mit zehn- oder zwölftausend Indianern in Eilmärschen einzuholen und allesamt in Stücke zu schlagen. Aber du ließest mich nie handeln: ‹Schweig! Schweig! Es sind doch *Wiraqochas*, oder Söhne von *Wiraqocha.*› Als ob wir nicht gespürt hätten, daß Menschen dieses Schlages, die aus weit entfernten Ländern ausgezogen waren, eher zum Befehlen als zum Gehorchen gekommen waren! Wir alle, ich und deine Leute, sind über das Geschehene sehr betrübt und fühlen großes Mitleid mit dir, der du in solch mißlicher Lage bist. Gib mir doch deine Einwilligung, damit du siehst, daß ich immer noch der gleiche bin: befreien werde ich dich und diese Bärtigen in kürzester Zeit vernichten; du verfügst ja über genug Leute, die mir dabei helfen werden. Im ganzen Land – oben, unten, quer hindurch – genießt nach dir, du weißt es wohl, niemand größeres Ansehen als ich, denn ich bin ja Oberbefehlshaber über alle.»

Nachdem dieser Willaq Umu meinem Vater obiges auseinandergesetzt hatte, wandte er sich, zusammen mit einem anderen Hauptmann namens Tisuq, seinem Gefährten, an die Spanier, die gerade zugegen waren; mit verfärbten und strengen Gesichtern sprachen sie folgende Worte:

Wie die Hauptleute des Inkas die Spanier wegen der schlechten Behandlung ihres Königs und Herrn zurechtwiesen

«Was für ein Spiel treibt ihr hier täglich mit unserem Inka? Heute verhaftet ihr ihn, morgen peinigt ihr ihn, und übermorgen überschüttet ihr ihn mit Hohn. Was hat euch dieser Mann angetan? So entgeltet ihr ihm die Wohltat, die er euch erwiesen hat, indem er euch gegen unseren Willen in sein Land eingelassen hat? Was wollt ihr von ihm? Was kann er denn nach allem, was er für euch getan hat, überhaupt noch tun? Hat er euch nicht ruhig und friedfertig und mit großen Ehren in sein Land eintreten lassen? Ließ er nicht Boten in Cajamarca bei euch vorsprechen? Verabschiedete er eure Gesandten nicht unter großen Ehrenbezeigungen? Gab er ihnen nicht viel Gold und Silber und ein zahlreiches Geleit mit? Haben dieselben den Hin- und Rückweg nicht in ‹Hängematten›, geschleppt von seinen Leuten, zurückgelegt? Nahmt ihr in Cajamarca nicht zwei ihm gehörende Häuser voller Silber und Gold in Besitz, abgesehen von den Geschenken Atau Wallpas – die auch aus dem Eigentum meines Inkas stammten – und der großen Menge Gold und Silber, die er euch von hier nach Cajamarca geschickt hatte? Wurdet ihr auf dem ganzen, 130 Meilen langen Weg zwischen Cajamarca und dieser Stadt nicht in allem gut behandelt, reichlich versorgt und mit Trägern versehen? Ging er euch nicht selbst sechs Meilen weit, bis nach Saqsawana, entgegen? Verbrannte er nicht, aus Rücksicht auf euch, die höchstgestellte Persönlichkeit im ganzen Land, Callku Chima, kurz nach eurer Ankunft? Überließ er euch nicht Häuser und Wohnsitze, Diener und Frauen, Saatfelder? Rief er nicht die ganze Bevölkerung auf, euch Tribut zu leisten? Ist euch der Tribut nicht ausgehändigt worden? Doch, doch. Gab er euch nicht letzthin, als ihr ihn gefangengenommen hattet, ein Haus voll Gold und Silber, um sich von seinen Qualen loszukaufen? Habt ihr uns Würdenträgern und den übrigen Leuten nicht Frauen, Söhne und Töchter weggenommen? Und zu allem haben wir geschwiegen, weil er es für richtig hielt und wir ihm keinen Schmerz bereiten wollten. Dient euch unsere Bevölkerung nicht sogar darin, daß sie den Schmutz eurer Pferde und Häuser mit ihren Umhängen reinigt? Was wollt ihr mehr? Gab er euch nicht immer nach, sooft ihr auch sagtet: ‹Her mit dem Gold, her mit dem Silber, schaff dieses herbei, schaff jenes herbei!›, und hat er euch nicht sogar seine eigenen Diener zur Verfügung gestellt, um euch aufzuwarten? Was mehr begehrt ihr von diesem Mann? Habt ihr ihn denn nicht betrogen, als ihr behauptetet, ihr seiet im Auftrag *Wiraqochas* mit dem Wind gekommen, ihr seiet seine Söhne und möchtet dem Inka dienen, ihn lieben und ihn sowie alle seine Leute wie euresgleichen behandeln? Ihr wißt nur zu gut – wenn ihr euch die Mühe nehmt, aufmerksam nachzuprüfen, könnt ihr es ja selbst sehen –, daß ihr in allem gefehlt habt und daß ihr, anstatt ihn so zu behandeln, wie ihr anfangs verkündet hattet, ihn ohne seine Schuld und ohne den allergeringsten Anlaß so häufig gequält habt und quält, wie ihr das Kredo in den Mund nehmt. Wo soll er eurer Meinung nach das Gold und Silber auftreiben, das ihr heischt, nachdem er euch doch schon alles, was es im Land überhaupt gab, ausgehändigt und dabei sogar unsere eigenen Schmuckstücke veräußert hat?

Was soll er euch jetzt eurer Meinung nach geben, um sich aus eurer gegenwärtigen Gefangenschaft freizukaufen? Wo und womit soll er auftreiben, was ihr ihm abfordert? Er hat es doch nicht, er hat doch nichts mehr zu geben. Angesichts eurer Machenschaften sind sämtliche Einwohner dieses Landes derart entrüstet und verstört, daß sie nicht einmal mehr wissen, was sie dazu sagen und wohin sie entfliehen sollten, denn einerseits sehen sie sich ihres Königs beraubt, andererseits ihrer Frauen, ihrer Kinder, ihrer Häuser, ihrer Güter, ihrer Ländereien, kurz, ihrer gesamten Habe. Wahrlich, so groß ist nun ihre Not, daß ihnen kein anderer Ausweg bleibt, als sich aufzuhängen oder alles kurz und klein zu schlagen, wie sie mir häufig gestanden haben. Deswegen, meine Herren, schiene es mir angezeigt, meinen *Sapay Inka* endlich in Ruhe zu lassen – euretwegen ist er ja in solcher Drangsal und Qual – und ihn aus seiner gegenwärtigen Gefangenschaft zu befreien, um diese Indianer von ihrer Bedrücktheit zu erlösen.»

Die Antwort der Spanier an Willaq Umu

«Wer hat dich geheißen, dich in Gegenwart des königlichen *Corregidors* so anmaßend auszudrücken? Weißt du überhaupt, was für ein Menschenschlag wir Spanier sind? Schweig, oder ich werde dir und deinen Gefährten, wenn ich euch erwische, derart mitspielen, beim Leben Seiner Majestät, daß ihr euch das ganze Leben daran erinnern werdet. Wenn du nicht schweigen willst, so werde ich dich, ich schwöre es, lebendigen Leibes verbrennen und in Stücke hauen. Wer heißt ihn denn, ich frage euch, so anmaßend auf mich einzuschwätzen?» So sprach Gonzalo Pizarro, um Willaq Umu und den anderen Anwesenden Angst einzujagen. Dann kam er auf das

Gesagte zurück und rief aus: «Hört doch auf und beeilt euch, das befohlene Silber und Gold herbeizuschaffen. Wenn nicht, so schwöre ich euch, daß euer König dieses Gefängnis nicht verläßt, bis alles da ist, auch wenn es ein Jahr dauern sollte. Gebt es also auf, mir zu widersprechen, und kommt mir nicht mit Ruhmestaten: ‹von hier ging er, von dort kam er›.»

Nachdem der Wortwechsel zwischen den Spaniern und diesem Hauptmann Willaq Umu beendet war, ließen die Spanier letzteren allein und begaben sich zu ihrer Wohnung, während sich dieser meinem Vater näherte, um ihm ausführlich zu berichten, was er ihnen gesagt und was sie ihm geantwortet hatten. Als mein Vater vernahm, in welcher Lage sich seine Leute befanden und wie sehr sie an seiner Qual mitlitten, äußerte er sich folgendermaßen:

«Meine Söhne und Brüder: Ich büße nun dafür, daß ich diesen Leuten gestattet habe, in dieses Land einzumarschieren, ich weiß es wohl; ich kann es euch auch nicht verargen, daß ihr euch über mich beklagt. Da es nun aber keinen anderen Ausweg gibt, bitte ich euch, bei eurem Leben, in kürzester Zeit etwas herbeizuschaffen, das mich von dieser verschärften Qual erlösen kann. Natürlich schmerzt es euch, euren König so gefangen zu sehen: mit einer Kette um den Hals wie ein Hund und mit Eisen an den Füßen wie ein Sklave oder ein Flüchtling.»

Die Hauptleute und die anderen, ergriffen von großem Mitleid angesichts der Mißhandlungen, denen mein Vater ausgesetzt war, wußten nichts zu antworten, sondern gingen, vollkommen lautlos und mit erloschenen Augen, einer hinter dem anderen zur Tür hinaus, um nach Kräften zu sammeln, was mein Vater ihnen aufgetragen hatte, damit er möglichst rasch befreit würde. Aber trotz allem Eifer verstrichen mehr als zwei Monate, bis alles, was sie hatten finden können, beisammen war, wobei sie sich gegenseitig die Anhänger und die Gewänder, die sie trugen, abgenommen hatten. Die Anzahl der Leute, die dazu beigesteuert hatten, erwies sich als so groß, daß man einen sehr geräumigen *bohío* zum Bersten mit diesen Dingen anfüllen konnte. Darunter war auch einiges Geschirr, das im Hause meines Vaters zu seinem eigenen Gebrauch übriggeblieben war. Und schon war alles angehäuft, unter ständiger Hetze seitens dieser Männer, die mit solchen Worten drängten: «Ist das alles? Mit diesem Silber genügt es nicht. Wie lange wollt ihr uns noch warten lassen? Macht endlich Schluß damit.» Mein Vater, erschöpft von solchen und ähnlichen ständig wiederholten Fragen, rief seine Getreuen herbei und sagte ihnen, sie möchten die anderen holen lassen, er wolle ihnen nämlich übergeben, was sich angehäuft hatte, damit sie endlich aufhörten, sich aufzuregen. Also ließ man sie holen. Jene eilten gleich herbei. Kaum hatten sie sich eingefunden, wo mein Vater gefangen war, begrüßten sie ihn und sprachen: «Gott bewahre euch, Herr *Sapay Inka.* Was befehlt ihr uns, oder wozu habt ihr uns holen lassen?» Bei ihrem Erscheinen richtete mein Vater, der wohl wußte, daß die Stunde seiner Freilassung geschlagen hatte, folgende Worte an die Spanier:

Die Ansprache Manko Inkas an die Spanier

«*Apukuna* (das bedeutet ‹Herren›): In den letzten Tagen, als ihr mich zum zweitenmal gefangennahmt, sagte ich euch, ihr seiet sicher keine *Wiraqochas,* denn sonst würdet ihr mich, der ich euch nur Gutes zu tun wünschte, es auch getan hat und immer noch tut, nicht so schlecht behandeln; dazu führte ich entsprechende Gründe an. Jetzt aber, wo ihr ein zweitesmal auf so schwerwiegende und erbarmungslose Weise meine Qual dadurch verschärft habt, daß ihr meine Haft erneuert und verlängert habt – schon mehr als zwei Monate bin ich gefangen und wie ein Hund angekettet –, kann ich nicht umhin, euch zu sagen, daß ihr nicht wie Christen und Söhne *Wiraqochas* – von dem ihr abzustammen vorgebt – gehandelt habt, sondern wie Diener des *Supay* [Teufel]; ihr wandelt in seinen Fußstapfen, indem ihr denen, die euch Gutes tun, Schlechtes antut. Ihr seid sogar noch schlimmer als er, denn er trachtet weder nach Silber noch nach Gold: er braucht es nicht. Ihr aber sucht danach, und wo es keines gibt, wollt ihr es mit Gewalt bekommen. Schlimmer seid ihr als die *Yunkas* [Bewohner der Pazifikküste], die für ein wenig Edelmetall Vater und Mutter ermorden und die ganze Welt verleugnen würden. So habt ihr euch nicht an all die Wohltaten erinnert, die ihr von mir erfahren habt; während ich euch aufopfernd geliebt und um eure Freundschaft geworben habe, habt ihr mich für ein wenig Silber verleugnet und seinetwegen schlechter behandelt, als ihr eure Hunde behandelt, was darauf schließen läßt, daß euch an etwas Silber mehr liegt als an der Freundschaft aller Menschen auf der Welt: Eurer Geldliebe wegen seid ihr jedenfalls der meinen und jener meiner Landsleute verlustig gegangen. Eurem Drängen und eurer maßlosen Habgier wegen haben wir – sie und ich – auf unsere Reichtümer und Schmuckstücke verzichtet, und diese habt ihr uns unter Anwendung von Gewalt, mit Quälereien und scharfem Drängen entrissen. Daß ihr mir und meinen Leuten entgegen jedem Recht und ohne Grund wegnehmt, was diese armen Indianer mit so großer Mühe zusammengetragen haben, wird euch, so meine ich, nicht zum Ruhm gereichen. Aber nehmt es schon in Besitz und laßt mich endlich dieses Gefängnis verlassen.» Das alles sagte mein Vater mit großer Betrübnis und sogar mit Tränen in den Augen angesichts der schlechten Behandlung, der er ausgesetzt war.

Wie die Spanier Manko Inka aus seiner zweiten Haft entlassen wollten und wie er ihnen die Königin überließ

Nachdem die Spanier, ziemlich vergnügt und erfreut über das angehäufte Silber, die Worte meines Vaters angehört hatten, erklärten sie sich sehr befriedigt. Als sie jedoch Anstalten trafen, ihn zu befreien, was zwar nur eine Finte war, erschien plötzlich Gonzalo Pizarro und rief aus: «Was? Zum Teufel! Laßt ihn nicht los, erst soll er uns die Frau *Qoya* aushändigen, seine Schwester, die wir vor ein paar Tagen erblickt haben. Warum habt ihr denn solche Eile, ihn zu befreien, wo man euch doch noch keinen entsprechenden Befehl erteilt hat? Los, Herr Manko Inka! Her mit der Frau *Qoya!* Das mit dem Silber geht schon in Ordnung, aber sie ist es ja, die wir in erster Linie begehrten.»

Das Aushändigen der Qoya

Als mein Vater sie mit solcher Dreistigkeit die *Qoya* verlangen sah und erkannte, daß er ihnen auf andere Weise nicht entgehen würde, ließ er eine überaus schöne, wohl gekämmte und fein geschmückte Indianerin vorführen, um sie ihnen an Stelle der *Qoya* zu überlassen. Bei deren Anblick erklärten die Spanier, die in ihr die *Qoya* nicht wiedererkannten, das scheine ihnen nicht jene *Qoya* zu sein, die sie begehrten, son-

Eine Qoya – Rawa Oqllo, Schwester und Gemahlin Atau Wallpas.

dern irgendeine andere Indianerin; er solle ihnen die *Qoya* aushändigen und keine Geschichten machen.
Um die Spanier auf die Probe zu stellen, ließ er der Reihe nach zwanzig weitere Frauen ähnlicher Art vorführen, eine schöner als die andere, aber sie waren von keiner befriedigt. Und als mein Vater den Eindruck hatte, der richtige Augenblick sei nun gekommen, ließ er noch eine Frau vorstellen, die ranghöchste Dame in seinem Hause, die Gefährtin seiner Schwester, der *Qoya*. Jene sah dieser in beinahe jeder Hinsicht überaus ähnlich, vor allem wenn sie gleich gekleidet war; sie hieß Inkill, was «Blume» bedeutet. Vor versammeltem Publikum erschien sie, gekleidet und herausgeputzt wie eine *Qoya* – was «Königin» heißt. Und als die Spanier sie so wohlgeschmückt und in ihrer ganzen Schönheit erscheinen sahen, riefen sie begeistert und voller Freude aus: «Die ist's! Die ist's! Hol's der...! Sie ist die Frau *Qoya* und keine von den andern.»
Gonzalo Pizarro, der sie mehr als alle anderen begehrte und ganz besonders um sie geworben hatte, richtete sich mit folgenden Worten an meinen Vater: «Herr Manko Inka: Wenn sie für mich bestimmt ist, soll man sie mir gleich überlassen, ich halte es nicht länger aus.» Mein Vater, der sie bestens eingeweiht hatte, gab zur Antwort: «So sei es denn! Tut, was Euch beliebt.» Und vor aller Augen, ohne irgendwohin zu schauen, ging Pizarro auf sie zu , sie zu küssen und zu umarmen, als wäre sie seine rechtmäßige Frau. Mein Vater geriet darob in große Heiterkeit, während die anderen höchst erstaunt waren; Inkill jedoch wurde von Entsetzen und Schrecken gepackt. Wie sie sich von einem Menschen umarmt fühlte, den sie nicht einmal kannte, begann sie, wie eine Verrückte zu schreien und auszurufen, sie habe keine Lust, sich derartigen Leuten ausgesetzt zu sehen; nicht einmal im

Traum wünsche sie die zu sehen und ziehe es vor, die Flucht zu ergreifen. Mein Vater erkannte, wie widerspenstig sie sich gebärdete und wie sehr sie sich dagegen wehrte, mit den Spaniern zu gehen. Weil aber seine Freilassung oder weitere Gefangenschaft davon abhing, befahl er ihr äußerst wütend, sie solle den Spaniern folgen; und als sie meinen Vater derart erzürnt sah, tat sie, was er sie geheißen hatte, und schloß sich, mehr aus Furcht denn aus sonstigen Gründen, den Spaniern an[16].

Wie Gonzalo Pizarro den Schatz und die Qoya aus den Händen Manko Inkas in Empfang nahm und zum Zeichen der Freundschaft mit ihm speisen ging

Der Gonzalo Pizarro nahm sie entgegen und befahl, meinem Vater die Fesseln abzunehmen. Sobald er erlöst war, erhielten sie den Schatz und verteilten ihn untereinander. Nach dessen Verteilung bat Gonzalo Pizarro meinen Vater, er möge ihm jetzt, nachdem er ihnen so viele Gold- und Silbersachen und, vor allem, die von ihm selbst so sehr begehrte Frau *Qoya* übergeben habe, zum Zeichen ihrer – dank der Verschwägerung hoffentlich langwährenden – Freundschaft den Gefallen erweisen, sich mit ihm und jenen Edelleuten zu seinem Haus zu begeben, das ihm übrigens fürderhin zur Verfügung stehe[17], um sich dort aufwarten zu lassen. Vom Wunsche beseelt, endlich ins Freie zu gehen und die offene Landschaft zu sehen, aber auch geneigt, ihm diese Freude zu gewähren – er meinte nämlich, die Freundschaft mit den Spaniern würde auf diese Weise lange anhalten –, folgte mein Vater der Aufforderung Gonzalo Pizarros und brach mit ihm und dessen Gefährten auf, um an jenem Tag in seinem Hause zu speisen. Groß war das Fest, die Stimmung fröhlich. Nachdem sie alle miteinander gegessen hatten, sagte mein Vater, es sei spät und er wünsche, sich nach Hause zu begeben. Die Spanier begleiteten ihn dorthin, nahmen freudig Abschied von ihm und kehrten ihrerseits in ihre Häuser zurück.

Der Leser dieses Berichts sei daran erinnert, daß der Marquis Don Francisco Pizarro nach Lima gereist und während all dieser Geschehnisse – von der Übergabe der *Qoya* bis zur Gefangenschaft meines Vaters in Ketten und Fußeisen – nicht in Cusco war. Niemand soll also auf die Idee kommen, er sei an all diesem beteiligt gewesen[18].

Wenige Tage nach all diesen Vorfällen – die zweite Gefangenschaft, die Übergabe Inkills statt der *Qoya* an Gonzalo Pizarro – veranstaltete Gonzalo Pizarro, nein, veranstaltete mein Vater Manko Inka[19] ein sehr bedeutsames Fest, bei dem die Ohren durchbohrt werden[20]. Mit dieser Festlichkeit pflegen wir Inka die wichtigste Feier des ganzen Jahres zu begehen, denn bei dieser Gelegenheit findet eine große Namengebung statt, und wir erhalten einen neuen, vom alten verschiedenen Namen. Diese Zeremonie ähnelt beinahe jener, welche die Christen bei der Firmung veranstalten[21]. Zu diesem Fest erschien mein Vater, unserem Brauch getreu, mit allen Zeichen der königlichen Macht; voran trug er seine königlichen Zepter. Eines davon, das wichtigste nämlich, war aus gediegenem Gold, verziert mit Quasten aus demselben Material. Alle anderen, die ihn begleiteten, trugen jeweils ihr eigenes, halb aus Silber und halb aus Kupfer bestehendes Zepter. Mehr als tausend waren die einen und die anderen, die sich wiedertaufen ließen – *warakuq* werden sie in unserer Sprache genannt. Und so waren alle unsere Indianer und die Spanier auf dem Absatz eines Berges namens Anawarki [«heiliger» Berg nahe von Cusco] versammelt, wo die Zeremonie gefeiert wurde. An deren Ende – wie sie abläuft, wird später ausgeführt werden –, als die bei diesem Akt Wiedergetauften (man schert sie und durchbohrt ihnen die Ohrläppchen) sich waschen gingen, begannen die Spanier, sei es aus Gier nach dem in die Zepter eingegossenen Silber, sei es aus einem durch den Anblick so vieler Leute verursachten Argwohn, zu den Waffen zu greifen und überall Unruhe zu stiften. Mit folgendem Kriegsruf zogen sie ihre Degen: «Ihr Schurken! Erheben wollt ihr euch? So weit wird es nicht kommen: wartet, wartet nur!» Und gleich fielen sie über die Zepter her, um sie ihren Trägern zu entreißen; ihr Wunsch war, das meines Vaters in die Hände zu bekommen. Da er aber eine starke Wache um sich geschart hatte und sie der Bewaffneten wegen nicht durchdringen konnten, begnügten sie sich damit, möglichst viele von den anderen – und es wurden viele – in ihren Besitz zu bringen.

Als mein Vater solchen Lärm und solches Geschrei aus der Menge dringen hörte, bemühte er sich zu sehen, was denn da vor sich ging. Kaum hatte er erfahren, wie unverschämt die Spanier sich verhalten hatten, rief er mit lauter Stimme aus: «Was ist los?» Und gleichsam weinend beklagten sich die Indianer, alle zusammen, mit diesen Worten: «*Sapay Inka:* Was für Leute sind es, die du in deinem Land beherbergst? Nicht zufrieden mit all dem Gold und Silber, das du ihnen ausgehändigt hast, nehmen sie uns gewaltsam unsere silbernen *yauris* – das heißt ‹Zepter› – weg. Unter Drohungen haben sie sie uns entrissen, worüber wir sehr betrübt sind. Sage ihnen, sie sollen sie uns zurückgeben und zufrieden sein mit dem Silber und Gold, das wir ihnen überlassen haben.» Und mein Vater, der wohl merkte, wie drängend sie sich beklagten, war darob sehr bekümmert und sprach, an die Spanier gerichtet, folgende Worte:

Die Worte des Inkas an die Spanier, als sie Miene machten, ihn zum drittenmal gefangenzunehmen

«Meine Herren: Es scheint, ihr habt noch nicht davon abgelassen, mir und meinen Leuten Leid anzutun, obwohl ich euch meinerseits keines anzutun wünsche und es auch für die Zukunft nicht im Sinne habe. Habt ihr nicht kürzlich mir und den Meinen versprochen, uns kein weiteres Leid mehr anzutun? Ihr seid im Unrecht, denn ich habe euch keinen Anlaß gegeben, mir Leid zuzufügen. Habt ihr denn nicht genug Silber, daß ihr mir noch einen kläglichen Rest, den ich bei meinen Zeremonien brauche, wegnehmen kommt? Tut ihr es in der Absicht, mich und meine Landsleute aufzufordern, gegen euch loszuschlagen, so sagt es mir. In diesem Falle werde ich mich vorsehen, und meine Leute werden das gleiche tun; so arglos wie heute werde ich dann nicht mehr sein. Falls dem aber nicht so ist – wir haben uns ja letzthin im Hause des *Apu* und in meinem eigenen versprochen, in Frieden und Liebe miteinander zu leben –, so laßt uns unsere Abmachung einhalten: auf diese Weise werdet ihr keinen Argwohn und wir werden keine Furcht kennen.»
Die Spanier antworteten folgendermaßen auf die Worte meines Vaters: «Herr Manko Inka: Wir wünschen Euer Gnaden kein Leid anzutun. Es ist nichts geschehen: nur einige Soldaten haben zum Zeitvertreib eine gewisse Unruhe gestiftet; lassen sich Euer Gnaden davon nicht bekümmern.» Und mein Vater, der die Leute wieder ruhig und gelassen sah, verstummte und führte sein Fest zu Ende, während die Spanier nach Hause gingen, denn es war schon spät und Zeit, sich schlafen zu legen.

Wie Paskaq, des Inkas Bruder, starb

Nach all den Festlichkeiten und den erwähnten Vorkommnissen stieß meinem Vater, als er eines Tages ruhig und gelassen in seinem Hause weilte, eine böse Geschichte zu. Einer seiner bei ihm lebenden Brüder, der etwas überhebliche Paskaq, kam, man weiß nicht, von wem angestiftet, auf die Idee, meinen Vater zu ermorden, und zwar mit dem Hintergedanken, selbst auf den Königsthron gehoben zu werden. Und es war ihm ein Dolch anvertraut worden – ob von der Person oder den Personen, die ihn angestiftet hatten, oder von sonst jemandem, entzieht sich meiner Kenntnis. Mit diesem bewaffnet, ging er also meinen Vater unter dem Vorwand besuchen, er wolle ihm, seinem Herrn, die *mocha* [Reverenz mit Kuß] erweisen. Dabei sollte er ihn mit besagtem Dolch erstechen; nach dessen Tod würde er selbst auf den Thron gehoben werden und könne dann den Spaniern viel Silber aushändigen: mit dieser Vorstellung hatten diese ihm ja den Dolch anvertraut. Da jedoch alles, was unternommen wird, früher oder später ans Tageslicht kommt, warnte ein bestimmter Spanier, dessen Name nicht überliefert ist, ein Diener meines Vaters, der immer in seinem Haus weilte, diesen mit folgenden Worten: «Wisse, Herr Manko Inka, daß dein Bruder Paskaq dich zu töten beabsichtigt und zu diesem Zweck unter seinem Überwurf einen Dolch versteckt hält, mit dem er dich, wenn er dir die *mocha* erweisen kommt, erstechen soll. Sei also auf der Hut, wenn du ihn erscheinen siehst: befiehlst du mir, ihn zu töten, so werde ich ihn töten.» Mein Vater dankte seinem spanischen Diener sehr für diese Warnung und sah sich für die Stunde vor, wo sein Bruder erscheinen würde, um ihm wie gewohnt seine Reverenz zu erweisen. Und als er ihn erblickte, ließ er ihn sich zur *mocha*

nähern, versetzte ihm aber mit einem Dolch, den er sich eigens beschafft hatte, eine Reihe von Stichen; der Spanier, der ihn gewarnt hatte, gab Paskaq den Todesstoß. Alle Umstehenden, die dieser Szene zugesehen hatten, waren höchst erstaunt, einen so merkwürdigen und plötzlichen Vorfall zu erleben, und niemand wagte, das geringste Wort zu äußern.
Nach all diesen und vielen anderen Geschehnissen, deren ausführliche Schilderung zu weit führen würde, weshalb ich, der Weitschweifigkeit ausweichend, mein Ziel im Auge behalten und berichten werde, was mit meinem Vater geschah und was die Spanier weiter im Schilde führten... Während nun Gonzalo Pizarro, *Corregidor* Cuscos, in Abwesenheit des Gouverneurs Francisco Pizarro, mit Hernando Pizarro und Juan Pizarro und vielen anderen in der Stadt weilte, geschah es, daß Juan Pizarro, der Bruder Hernando Pizarros, angesichts der beträchtlichen Menge Silber, die mein Vater seinen beiden Brüdern ausgehändigt hatte, in einem Anfall von Neid ausrief: «Bekommen also nur meine Brüder Silber und ich nicht? Hol's der Teufel! Dabei wird es nicht bleiben, sondern auch mir werden sie Gold und Silber aushändigen müssen, wie meinen Brüdern. Und falls nicht, so werde ich ihnen in einer Weise mitspielen, daß sie sich daran erinnern werden.» Unter diesen Drohungen rottete er alle Leute zusammen und sagte: «Nehmen wir ihn fest, nehmen wir Manko Inka fest!»
Und als mein Vater erfuhr, daß in der Stadt eine Verschwörung gegen ihn im Gange war, ließ er alle Würdenträger des Landes versammeln: ein Großteil von ihnen weilte schon zu seinem Schutz in Cusco. Sobald er sie alle vor sich hatte, hielt er ihnen, beraten vom schon erwähnten Oberbefehlshaber Willaq Umu, folgende Ansprache:

IV
Der große Aufstand: die Indianer belagern Cusco

Die Ansprache des Inkas an seine Hauptleute über die Belagerung Cuscos

«Meine geliebten Söhne und Brüder: Niemals hätte ich gedacht, von euch verlangen zu müssen, was ich jetzt im Sinne habe. Ich hatte nämlich immer gemeint und war überzeugt, diese bärtigen Leute, die ihr *Wiraqochas* nennt, weil ich es euch – in der Meinung, sie kämen wirklich im Auftrag *Wiraqochas* – damals so gesagt hatte, würden mir nie mit Tücke begegnen noch irgendein Leid tun. Jetzt aber, wo ich auf die gesammelte Erfahrung zurückblicke und merke – auch ihr habt es bemerkt –, wie schlecht sie mich behandelt und wie schlecht sie das, was ich für sie getan, gelohnt haben: tausendmal verhöhnt haben sie mich, gefangengenommen haben sie mich, an Händen und Füßen haben sie mich wie einen Hund gefesselt; und vor allem: nachdem sie mir ihr Wort gegeben haben, fürderhin das gegenseitige Liebes- und Freundschaftsbündnis zu respektieren, sind sie schon wieder daran, einen Plan auszuhecken, um mich gefangenzunehmen und zu töten... Jetzt also bitte ich euch inständig, wie man seine Söhne nur bitten kann, euch zu erinnern, wie oft ihr mich gedrängt habt, das zu tun, was ich jetzt tun will; ich solle mich gegen diese da erheben, sagtet ihr und fragtet, weshalb ich sie in meinem Land dulde. Ich ging aber nicht darauf ein, weil ich meinte, nichts von dem, was nun vor sich geht, würde geschehen. Aber da dem nun einmal so ist und sie sich darauf versteifen, mich herauszufordern, werde ich sie wohl oder übel auch herausfordern müssen und mich auf keine weiteren Traktationen mehr einlassen. Ihr habt mir immer viel Liebe bezeigt und alles darangesetzt, meine Wünsche zu erfüllen. Jetzt, bei eurem Leben, erfüllt mir diesen einzigen: Trefft gleich jetzt, alle zusammen, so wie ihr da seid, die nötigen Vorkehrungen und schickt eure Gesandten ins ganze Land aus, damit innerhalb von zwanzig Tagen, ohne daß diese Bärtigen Wind davon bekommen, alle Truppen in dieser Stadt eingetroffen sind. Ich selbst werde Abgesandte nach Lima schicken zu Hauptmann Kisu Yupanki, der jenes Land regiert[22], um ihm mitzuteilen, er solle am gleichen Tag, an dem wir hier die Spanier überfallen werden, mit seinen Scharen alle jene überfallen, die sich gerade dort aufhalten. Wenn wir gleichzeitig vorgehen, er dort und wir hier, werden wir sie rasch vernichten, ohne auch nur einen einzigen am Leben zu lassen, und uns diesen Alptraum vom Leibe schaffen. Dann werden wir uns unseres Lebens erfreuen können.»

Auf diese Ausführungen hin, in denen mein Vater seinen Hauptleuten auseinandergesetzt hatte, wie sie ihre Scharen zur bevorstehenden Schlacht mit den Spaniern auszurüsten hätten, antworteten sie alle zusammen und einstimmig, sie seien darüber sehr erfreut und auch bereit und gerüstet, den Auftrag meines Vaters zu erfüllen.

Und ohne noch weitere Zeit zu verlieren, machten sie sich gleich daran, Verantwortliche in jede der vier Zonen zu senden, so weit ihr Machtwort reichte. Von den Vertretern des *Chinchay-Suyu* wählte Willaq Umu Qoyllas und Uska und Qori Atau und Taypi, um Leute aus jener Zone einzuberufen. Von den Vertretern des *Kolla-Suyu* machte sich Lleqlleq [Vogel der Hochebene] mit vielen anderen Hauptleuten auf, um die Leute aus jener Zone aufzurufen. In den *Kunti-Suyu* begaben sich Surandaman [vielleicht: Qora Waman; d. Ü.] Qellqana und Qori Wallpa [Goldhuhn] und viele andere

Hauptleute, in den *Anti-Suyu* Rompa Yupanki und viele andere Hauptleute: sie alle sollten in ihrem jeweiligen *Suyu* die zum vorgesehenen Ziel nötigen Leute aufbieten.
Es sei hier bemerkt, daß die vier *Suyu,* die ich gerade erwähnt habe, die vier Teile sind, in die dieses Land durchgehend eingeteilt und aufgeteilt ist, wie vorher ausführlich auseinandergesetzt.
Nachdem man die Leute in die erwähnten Richtungen ausgeschickt hatte und während der vorher genannte Juan Pizarro in gefährlicher Weise und mit gefährlichen Absichten herumschweifte, fand sich bei meinem Vater ein Indianer namens Antonico ein, ein Dolmetscher der Spanier, der ihm hinterbrachte, Juan Pizarro und die anderen wollten ihn an einem der nächsten Tage gefangennehmen oder sogar töten, es sei denn, er händige ihnen eine große Menge Gold und Silber aus. Mein Vater hörte an, was besagter Indianer ihm offenbarte, und schenkte ihm Glauben. Er gab sofort vor, nach Calca jagen gehen zu wollen. Die Spanier, die das Vorhaben meines Vaters keineswegs durchschauten, hatten daran nichts auszusetzen; sie hatten vorgesehen, ihre schlechte Absicht nach dessen Rückkehr – die sie nahe bevorstehend wähnten – in die Tat umzusetzen.
Ein paar Tage später, während mein Vater in Calca weilte und die aufgebotenen Leute sich dort zu sammeln begannen, sandte er von dort per Stafettenpost eine Botschaft an Kisu Yupanki, der sich in Lima aufhielt, um ihm den Tag und die Stunde seines vorgesehenen Überfalls auf die Spanier bekanntzugeben, damit auch er über sie herfalle und beide Angriffe, der Kisu Yupankis in Lima und der meines Vaters in Cusco, gleichzeitig abliefen.
Und während mein Vater sich mit diesen Dingen befaßte, sandten ihm die Spanier Brief auf Brief mit der Bitte, er solle

Der General Kisu Yupanki unterliegt den Spaniern in Lima.

so rasch wie möglich nach Hause kommen, sie fühlten sich in seiner Abwesenheit einigermaßen unbehaglich. Mein Vater ließ ihnen antworten, er habe die Jagd noch nicht beendet, er werde aber heimkehren, sobald es ihm möglich sei. Und als die Spanier merkten, daß er, sooft sie ihn auch dazu aufforderten, nie kommen wollte, mehr noch, daß er seine Rückkehr von Tag zu Tag immer weiter aufschob und ihnen immer schlechteren Bescheid gab, beschlossen sie, gegen ihn zu ziehen, um ihn gewaltsam zur Rückkehr zu bewegen oder zu töten.

Sie ernannten Hauptleute in Cusco, und während einer davon mit seinen Leuten Truppen zu diesem Feldzug zusammenstellte, blieben die übrigen in Cusco zurück, gerüstet zum Krieg und bereit, den ersten nötigenfalls zu folgen. Diese drangen bis zur Brücke über den Calca-Fluß [Vilcanota] vor, wo sie mit den Brückenwächtern, die ihnen den Durchgang verweigerten, über dem Strom in ein Handgemenge gerieten. Dort forderten die Spanier die Anhänger meines Vaters heraus, und nach dieser Herausforderung traten sie den Rückweg nach Cusco an, wobei ihnen ein Großteil der Scharen meines Vater unter ständigem Kriegsgeschrei und lautem Geheul auf den Fersen folgte. Schließlich kamen die Spanier, vom überstandenen Scharmützel und ihren Verfolgern ein wenig aus der Ruhe gebracht, in die Nähe Cuscos. Von Carmenca aus, einem ganz Cusco beherrschenden Ort, riefen sie ihre Gefährten zu Hilfe, und diese Gefährten, deren Wachsamkeit nicht nachgelassen hatte, gingen denen, die in Not waren, Beistand leisten. Dort, bei besagtem Carmenca, kam es zu einem weiteren größeren Kampf mit den Verfolgern und vielen anderen Leuten, die auf den Aufruf hin herbeigeeilt waren. Am Schluß dieses Kampfes trieben die Indianer die Spanier nach Cusco in die Enge, ohne einen einzigen von ihnen zu töten. Und die ganze Nacht lang hielten sie sie rundherum eingeschlossen und ermüdeten sie mit gewaltigem Geheul. Aber sie fielen nicht über sie her, denn sie warteten auf die Scharen, die am nächsten Tage eintreffen sollten. Mein Vater hatte ihnen zudem untersagt, sie anzugreifen: einerseits um sich der Spanier dank der nachfolgenden Verstärkung leicht zu bemächtigen und andererseits weil er, wie er geäußert hatte, mit ihnen verhandeln wollte.

Die Belagerung Cuscos

Noch in der Nacht wurden an allen Durchgängen viele und wohlausgestattete Wachtposten aufgestellt. Am Spätnachmittag des nächsten Tages, als die Spanier nach wie vor in Cusco eingeschlossen waren, kam der Tumult der Menschenmasse in Sicht- und Hörweite Cuscos. Zu jenem Zeitpunkt fielen sie nicht in die Stadt ein, denn sie meinten, die Nacht sei schon zu sehr fortgeschritten und die große Finsternis würde ihnen nicht gestatten, ihre Feinde zu überwältigen. Deswegen schlugen sie Lager auf allen Anhöhen und Bergen auf, die ihnen erlaubten, die Stadt unter Kontrolle zu halten. Die Heerlager schützten sie mit einer großen Anzahl von Wachtposten und Schildwachen.

Am Morgen des nächsten Tages [3. Mai 1536], um neun Uhr, als alle Spanier in Schwadrongliederung mitten auf dem Platz Cuscos versammelt waren (ihre Zahl kennt man nicht, es wird nur erzählt, sie seien zahlreich gewesen und hätten viele Neger bei sich gehabt[23]), da erschien, wo man auch hinschaute, rund um Cusco herum, die Stadt umzingelnd, eine riesige Masse von Leuten, die mit vielstimmigem Geschrei und der Musik ihrer Pfeifen, [Muschel-]Hörner und

[Kürbis-]Trompeten die ganze Welt verdunkelte. Mehr als vierhunderttausend an der Zahl waren wohl die Indianer, als sie sich folgendermaßen aufgegliedert in den Belagerungsring einordneten:

Wie die Leute sich in den Belagerungsring einordnen

Von Carmenca, das Richtung *Chinchay-Suyu* liegt, kamen Qori Atau und Qoyllas und Taypi und viele andere, die jenen Ausgang mit ihren Scharen abriegelten. Von Cachicachi, aus Richtung *Kunti-Suyu,* kamen Waman Qellqana und Qori Wallpa und viele andere mehr, bestens ausgerüstet und in Kriegsordnung; sie verschlossen eine klaffende, mehr als eine halbe Meile weite Öffnung. Aus Richtung *Kolla-Suyu* kamen Lleqlleq und viele andere Hauptleute mit einer riesigen Menge, welche die größte Gruppe innerhalb des Belagerungsgürtels ausmachte. Aus Richtung *Anti-Suyu* kamen Anta Allqa und Rompa Yupanki und viele andere mehr, um den die Spanier umschließenden Belagerungsgürtel vollkommen abzuriegeln. Die Undurchlässigkeit des vollendeten Rings war staunenswert. Noch an diesem Tage wollten sie gleich über die Spanier herfallen, aber sie wagten es nicht, solange mein Vater ihnen keine Befehle für das weitere Vorgehen gegeben hatte. Wie ich früher ausführte, hatte er nämlich befohlen, daß sich unter Todesstrafe niemand vom Platz rühren sollte. Sobald Willaq Umu, der Oberbefehlshaber dieser Scharen, sie alle vollständig ausgerüstet bereitstehen sah, ließ er es meinen Vater, der zu jener Zeit in Calca weilte, wissen; er erklärte, die Spanier seien ganz eingekreist und in großer Bedrängnis: Sollte man sie töten? Oder was war sonst mit ihnen anzufangen? Mein Vater ließ ihm ausrichten, er

Manko Inka versucht, eine Kirche in Brand zu stecken.

solle sie nur ihre ungemütliche Lage auskosten lassen: ihn hätten sie auch seiner Angst überlassen; sie sollten nur leiden: er habe auch gelitten. Er werde an einem späteren Tage kommen, um sie zu vernichten.

Diese Antwort traf bei Willaq Umu ein, und als Willaq Umu begriffen hatte, was ihm mein Vater ausrichten ließ, war er sehr betrübt. Er hätte es vorgezogen, sie in diesem Zustand gleich zu vernichten, denn mit seiner Übermacht wäre ihm das ein leichtes gewesen. Aber er wagte nicht, sich dem Befehl meines Vaters zu widersetzen. Überall im Heer ließ er also ausrichten, daß sich bei Todesstrafe niemand von seinem Platz rühren sollte, solange er keinen entsprechenden Befehl erteilt hätte. Außerdem ließ er alle Wasserkanäle der Stadt öffnen, um alle Felder und Wege innerhalb und außerhalb des bewohnten Gebiets zu überfluten: falls die Spanier etwa zu entfliehen suchten, würden sie so das ganze Land überschwemmt vorfinden, und während die Pferde im Morast steckenbleiben würden, könnten sie ihre Feinde in der sumpfigen Erde zu Fuß überwältigen, denn Leute, die gekleidet sind wie die spanischen Krieger, kommen im Sumpfgebiet schwer zurecht.

Alle diese Befehle Willaq Umus wurden aufs Haar genau ausgeführt. Als sich die Spanier derart gefährlich in die Enge getrieben und von so vielen Leuten umzingelt sahen, vermuteten sie in ihrem Innersten, ihre letzten Tage seien angebrochen. Und da sie nirgendwo einen Ausweg fanden, wußten sie nicht, was sie tun sollten. Während sie einerseits in solch gefährlicher Weise umzingelt waren, mußten sie sich andererseits gefallen lassen, daß die Indianer sie mit Spott und Hohn überhäuften, Steine auf ihre Zeltdächer warfen oder aus Verachtung ihnen gegenüber das Bein hoben. Die Indianer begannen, ihre Häuser zu verbrennen, und hätten auch

General aus dem Anti-Suyu.

bei einem Sturmangriff beinahe die Kirche in Brand gesteckt, wenn es die auf dem Dach lauernden Neger nicht verhindert hätten: diese mußten zwar seitens der *Sati*- und der *Anti*-Indianer einen ganzen Pfeilregen über sich ergehen lassen, aber sie erlitten dabei keine Verletzungen, weil Dios[24] sie bewahrte und sie sich mit Schilden schützten. Die Spanier, verzweifelt und in auswegloser Lage, behalfen sich hauptsächlich damit, ihr Schicksal Gott anzuvertrauen. Und sie verbrachten die ganze Nacht in der Kirche, um Gott um Hilfe anzuflehen, am Boden kniend und mit den Händen vor ihrem Mund: in dieser Haltung wurden sie von vielen Indianern beobachtet. Sogar diejenigen, die in der Mitte des Platzes wachten, taten dasselbe, wie auch viele Indianer, welche die Spanier von Cajamarca her begleitet hatten und auf deren Seite standen.

Der Angriff der Spanier auf die in der Festung verschanzten Indianer

Am Morgen eines späteren Tages, am frühen Morgen, verließen sie alle die Kirche und stiegen, wie zum Kampf, auf ihre Pferde. Sie schauten vorerst in die eine und in die andere Richtung, und während sie noch so schauten, gaben sie ihren Pferden die Sporen und durchbrachen in vollem Galopp jene gleich einer Mauer verschlossene Pforte; dann flohen sie trotz ihrer Feinde bergan auf Tod und Leben. Als die Indianer, die am Belagerungsring um Cusco teilhatten, sie so davoneilen sahen, begannen sie zu schreien: «Sie entfliehen nach Kastilien, sie entfliehen nach Kastilien, schneidet ihnen den Weg ab!» Und der gesamte Belagerungsring löste sich auf, weil die einen ihnen nacheilten, die anderen ihnen den Weg abzuschneiden suchten, die dritten die Brückenwärter warnen gingen, damit keiner von ihnen in keiner Richtung entkommen könnte. Als sich die Spanier von so vielen Leuten verfolgt sahen, ließen sie ihre Pferde umkehren, machten eine Wendung über einen Berg namens Queancalla [nordwestlich von Cusco] und fielen ihnen dort, wo Willaq Umu Stellung bezogen hatte, in den Rücken. Dieser war mit allen seinen Scharen zur Festung Cuscos, genannt Saqsawaman, hinaufgestiegen, um sich dort zu verschanzen. Die Spanier kämpften verbissen und eroberten die vier Tore der Festung. Von den gewaltigen Mauern aus schleuderten [die Indianer] viele Felsbrocken hinunter, schossen Pfeile ab und warfen viele Speere und Lanzen, womit sie den Spaniern schwer zu schaffen machten. Mit den Felsbrocken erschlugen sie Juan Pizarro und zwei Neger und viele mit den Spaniern verbündete Indianer. Aber als den Leuten Willaq Umus die Munition an Felsbrocken und anderen Geschossen ausgegangen war, gelang es den Spaniern dank göttlicher Gunst, in die Festung einzudringen und sie mit Gewalt einzunehmen. Dabei töteten und zerschmetterten sie viele der Indianer, die sich darin befanden; andere stürzten sich von den Mauern hinunter. Da sie hoch sind, starben alle diejenigen, die zuerst hinunterstürzten; von den darauffolgenden retteten sich mehrere, weil sie auf einen Haufen von toten Menschen aufschlugen. Der vielen Indianer wegen, die die Spanier unterstützten, war die Schlacht auf der einen wie auf der anderen Seite blutig. Zu jenen gehörten zwei Brüder meines Vaters, Waypar [auch Waspar, vielleicht Waypay] und Inkill, die von vielen Gleichgesinnten und von Leuten aus den Völkern der *Chachapoya* und der *Cañari* begleitet waren. Von der Einnahme der Festung an [Ende Mai 1536] dauerte die Schlacht beiderseits noch weitere drei Tage, denn die Indianer reorganisierten sich am folgenden Tag, um zu sehen, ob sie die verlorene Festung wiedererobern könnten. Mit großem Mut griffen sie die Spanier an, die sich in der Festung verschanzt hatten, doch angesichts der allgegenwärtigen Bewachungstruppen, bestehend aus *Cañari*-Hilfstruppen und auch Spaniern, konnten sie ihnen nichts anhaben. Andererseits, so berichteten die Indianer, war da ein weißes Pferd erschienen, das damals, als die Festung gestürmt wurde, als erstes eingedrungen war und ihnen großen Schaden zugefügt hatte[25]. Das Gefecht zog sich den ganzen Tag hin. Bei Einbruch der Nacht kehrten sie in ihre Stellungen zurück, denn der großen Dunkelheit wegen konnten sie ihren Feinden nicht mehr zusetzen; die Spanier, welche die eroberte Festung nicht verlassen und preisgeben wollten, ließen sie ziehen. Am nächsten Morgen nahmen sie die unterbrochene Schlacht wieder auf, und sie wurde beiderseits unerbittlich ausgefochten. Am Ende, als die Indianer gerade mit großem Mut den Spaniern entgegenstürmten, brachen diese alle in einem Haufen aus der Festung aus und griffen sie sehr heftig an. Unter ihrem Ansturm zogen sich die Indianer zum Aufenthaltsort meines Vaters, nach Calca, zurück. Die Spanier setzten ihnen bis zum Yucay-Fluß [Vilcanota-Urubamba] nach, wobei sie einen großen Teil der Leute töteten oder in die Flucht schlugen. Dort entzogen sich die Indianer den Spaniern, die nach Calca, wo sich mein Vater aufhielt, weiterzogen. Diesen fanden sie jedoch dort nicht, weil er eben ein Fest im Dorf Saqsasiray abhielt. Und da sie ihn dort nicht erwischen konnten, kehrten sie auf einem anderen Weg nach Cusco zurück, verloren dabei aber große Mengen von Gepäck, das die Indianer, die unterdessen ihr Versteck verlassen hatten, ihrer Nachhut wegnahmen. Mit dieser Beute machten sie sich auf den Weg zum Dorf, wo mein Vater das Fest feierte.

Die Erscheinung des heiligen Jakobus auf seinem Pferd.

Nach Abschluß dieser Feierlichkeit im Dorf Saqsasiray zog mein Vater nach [Ollantay-]Tambo weiter; auf dem Weg dahin verbrachte er eine einzige Nacht in Yucay. In Tambo angekommen, ließ er die ganze Bevölkerung des Landes versammeln, denn er hatte die Absicht, eine überaus mächtige Festung zu bauen, um sich darin gegen alle Spanier, die ihn angreifen möchten, zu verteidigen. In kürzester Zeit waren alle Leute da, und kaum waren sie vor meinem Vater versammelt, hielt er ihnen folgende Ansprache:

Die Ansprache, die der Inka im Dorf Tambo, wohin er sich nach dem Zusammenbruch der Belagerung Cuscos zurückgezogen hatte, an alle seine Hauptleute und Getreuen hielt

«Geliebte Söhne und Brüder: Sicher habt ihr gehört, wie sehr ich euch in meinen vergangenen, früheren Ansprachen stets davon abhielt, jenen so schlechten Leuten Schlechtes anzutun, jenen, die unter dem Vorwand, Söhne und Abgesandte *Wiraqochas* zu sein, in mein Land eingedrungen waren, wozu ich ihnen meine Erlaubnis gegeben hatte. Aus diesem Grunde und wegen der vielen und großzügigen Wohltaten, die ich ihnen erwiesen habe, indem ich ihnen überließ, was ich hier besaß – Silber und Gold, Stoffe und Mais, Herden, Untertanen, Frauen, Diener und zahllose andere Dinge –, nahmen sie mich ohne mein Verschulden gefangen, verletzten und mißhandelten mich. Dann trachteten sie nach meinem Leben, was ich dank der Warnung Antonicos, ihres Dolmetschers, erfahren habe: er ist nun hier zugegen; er entfloh ihnen, weil er es nicht länger ertragen konnte. Und wie ihr erfuhrt, als ich euch vom Einberufen von Truppen für die Belagerung

Der Inka spricht zu den versammelten Würdenträgern des Tawantin-Suyu.

Cuscos sprach, hatte ich mich nach Calca zurückgezogen, damit wir ihnen von dort aus, ohne daß sie Verdacht schöpften, einen Schlag ins Genick versetzen könnten. Alles ist, soviel ich weiß, so ausgeführt worden, wie ich es angeordnet hatte; leider war ich, entgegen meinen Absichten, dabei nicht anwesend, was euch die Einnahme der Festung von Saqsawaman, die sie euch eurer Unachtsamkeit wegen entrissen haben, gekostet hat. Dann haben sie euch in die Flucht geschlagen und sind euch bis nach Yucay gefolgt, ohne daß es euch gelungen wäre, sie aufzuhalten. Es hat mich geschmerzt, daß ihr, zahlreich wie ihr wart, sie, die nur wenige waren, habt entkommen lassen. Vielleicht hat *Wiraqocha* ihnen geholfen: ihr habt mir ja gesagt, sie hätten ihm die ganze Nacht kniend ihre *mocha* [Reverenz] erwiesen. Wie denn sonst wären sie euch, die ihr ohne Zahl wart, entflohen, wenn er ihnen nicht geholfen hätte? Es ist nun einmal geschehen. Von nun an, bei eurem Leben, müßt ihr achtgeben, wie ihr euch ihnen gegenüber verhaltet, denn wisset, daß sie unsere Hauptfeinde sind und daß wir auf ewig die ihren sein werden, weil sie es so gewollt haben. Ich will mich nun in diesem Ort verschanzen und hier eine Festung bauen, in die niemand eindringen kann. Erweist mir, bei eurem Leben, diesen Gefallen, der uns vielleicht eines Tages von Nutzen sein wird.»

Die Antwort der Hauptleute an den Inka

«*Sapay Inka:* Wir, deine armen Diener, küssen deine Hände und erscheinen voller Bestürzung und Scham vor dir, weil uns der so bedeutsame Feldzug gegen jene boshaften Leute, die dich so oft mißhandelt und sich deinen Wohltaten gegenüber so undankbar erwiesen haben, aus den Händen geglitten ist. Wir sind derart bestürzt, daß wir dir kaum ins Gesicht zu blicken wagen, aber irgendwie erleichtert es uns, dir einen Teil der Schuld vorwerfen zu können. Als wir jene vollkommen eingekreist und ihnen jede Hoffnung auf Hilfe genommen hatten, ließen wir dich nämlich fragen, was wir mit ihnen anfangen sollten, und du ließest uns ausrichten, wir sollten sie nur leiden lassen, wie sie dich hatten leiden lassen; du werdest kommen und sie vernichten. Und wir ließen sie, um deinem Befehl nicht zuwiderzuhandeln, während wir auf dich warteten, einen Tag und eine Nacht in Ruhe. Als wir uns sicher fühlten und wähnten, sie völlig in der Hand zu haben, entschlüpften sie uns, ohne daß es in unserer Macht gestanden hätte, ihnen etwas anzuhaben. Wir wissen nicht, warum dies geschah, und ebensowenig, was wir dazu sagen sollten, außer daß unser Unglück darin bestand, nicht rechtzeitig loszuschlagen, und deines, uns nicht dazu ermächtigt zu haben. Wir sind bereit, die Strafe, die du uns für unser Verschulden auferlegen willst, auf uns zu nehmen. Was deinen Wunsch betrifft, dieses Dorf zu befestigen, um dich vor jenen Leuten und vor allen möglichen Angreifern zu schützen, so antworten wir dir, daß wir es mit größter Bereitwilligkeit tun werden, denn mehr als nur das sind wir dir schuldig.»

Und während der anderthalb Jahre, die [mein Vater] in Tambo weilte, machten sie daraus eine der stärksten Festungen, die es in Peru gibt.

In dieser Zeit, nachdem mein Vater schon zu den Indianern gesprochen und ihnen das Ausmaß des über sie hereingebrochenen Unglücks vor Augen geführt hatte, trafen in besagtem Dorf Tambo Boten ein, die über die in Lima und Cullco Mayo [auch Chullco Mayo] vorgefallenen Zusammenstöße berichteten[26]. Dort nämlich, in der Gegend von Sausa [Jauja], waren die Spanier mit den Indianern ins Gefecht gekommen, wobei die Indianer den Sieg davongetragen hatten und nun meinem Vater viele Köpfe von Spaniern, zwei lebendige Spanier, einen Neger und vier Pferde brachten. Höchst erfreut über den erlangten Sieg trafen sie ein, und mein Vater empfing sie mit allen Ehren; alle anderen ermutigte er, auch so zu kämpfen.

Da tauchte plötzlich der Hauptmann Rodrigo Orgóñez mit einem Trupp Soldaten [in Wirklichkeit Hernando Pizarro mit seinen besten Truppen] bei besagtem Ort Tambo auf, um gegen meinen Vater zu kämpfen [August 1536]. Kaum erfuhr er davon, eilten schon viele Indianer den Spaniern entgegen, um ihnen den Weg zur Festung von Tambo, die jenseits des Flusses liegt, abzuschneiden. In einer Ebene mit Namen Paskapampa und Pachar gerieten die einen mit den anderen in ein heftiges Gefecht, aber keiner der Gegner konnte schließlich den Sieg erringen. Die Spanier selbst gerieten wegen der dort wachsenden Kaktuspflanzen ins Hintertreffen, und einer von ihnen sowie drei Neger starben im Kampfgetümmel; einen anderen erwischten die Indianer in ihrer Festung, weil er sich zu weit vorgewagt hatte. Nachdem die Nacht die Streitenden getrennt hatte, zogen sich die einen und die anderen hinter ihre Befestigungen zurück. Bei Einbruch der Nacht errichteten die Spanier ihre Zelte, und in der Mogendämmerung fachten sie ihre Feuer an, als wollten sie den Kampf weiterführen. Noch bevor der Tag anbrach, kehrten sie jedoch nach Cusco zurück. Und die Indianer, die erwartet hatten, sie am Morgen noch dort vorzufinden, sahen niemanden mehr, was sie höchst belustigte und zu der Bemerkung veranlaßte, sie seien aus Angst geflohen.

Nachdem dies alles vorbei war und die Spanier sich nach Hause begeben hatten, trieb mein Vater, weiterhin in Tambo, den Bau der Festung voran. Und während er also noch in besagtem Tambo weilte, entflohen ihm, auf ein Zeichen von Cusco hin, zehn gefangene und besiegte Spanier, die er dort bei sich hatte, ausgezeichnet behandelte und an seinem eigenen Tisch bewirtete. Weil sie es aber nicht sehr geschickt angestellt hatten, wurden sie in einem Dorf namens Maras, zwei Meilen von Cusco entfernt, eingeholt und zurückgebracht. Als mein Vater sie nach dem Grund ihrer Flucht fragte, wußten sie nichts zu antworten. Einer von ihnen war der erwähnte Antonico, der zwar meinen Vater vor den Machenschaften der Spanier gewarnt hatte, aber die Behandlung, die ihm mein Vater zukommen ließ – in einer Sänfte ließ er ihn herumführen und betreute ihn wie einen Sohn –, nicht zu würdigen wußte. Deswegen teilte auch er das Schicksal aller übrigen: als mein Vater erfahren hatte, daß selbst diese Personen seine Wohltaten so schlecht entgalten, ließ er sie einer Gruppe von *Anti*-Indianern, den *Muyu-Muyu,* ausliefern, damit diese sie zerstückelten und verspeisten.

Nachdem all das vorgefallen und der Bau der Festung abgeschlossen war, gab mein Vater seinen Entschluß bekannt: er ziehe es vor, sich ins Gebiet der *Anti* zurückzuziehen und das außerhalb davon liegende Land aufzugeben; die Spanier belästigten ihn zu sehr, und überdies bäten die *Anti* ihn inständig, sich in ihrem Lande niederzulassen; sie wünschten, ihn als ihren Herrn und König anzuerkennen[27]. Entschlossen, diesen Schritt zu unternehmen, ließ er seine Leute versammeln, um ihnen auseinanderzusetzen, wie sie sich im Zusammenleben mit den Spaniern zu verhalten hätten:

Die Anweisungen, die Manko Inka den Indianern gab, als er sich zu den *Anti* zurückziehen wollte: wie sie sich den Spaniern gegenüber zu verhalten hätten

«Meine geliebten Söhne und Brüder: Ihr alle, die ihr hier zugegen seid und mich in allen Unannehmlichkeiten und Widerwärtigkeiten begleitet habt, wißt kaum, vermute ich, aus welchem Grund ich euch jetzt so plötzlich vor mir versammelt habe: ich werde euch diesen gleich erklären. Laßt euch, bei eurem Leben, nicht aus der Ruhe bringen durch das, was ich euch zu sagen habe, denn ihr wißt gut genug, daß die Not oft die Menschen zwingt, zu tun, was sie nicht tun möchten. Da ich nun einmal nicht anders kann als diesen *Anti* nachgeben, die mir schon seit einiger Zeit mit der Bitte in den Ohren liegen, sie zu besuchen, werde ich ihnen also diesen Gefallen einige Tage lang erweisen. Ich bitte euch sehr, darüber nicht betrübt zu sein, denn ich möchte euch keinen Schmerz zufügen: ich liebe euch ja, wie man seine Söhne liebt. Ich wäre sehr froh, wenn ihr das Anliegen, das ich hier vorbringen werde, ausführen wolltet. Ihr wißt wohl, und ich habe es euch früher schon mehrmals gesagt, wie diese bärtigen Männer unter dem Vorwand, sie seien *Wiraqochas,* in mein Land eingedrungen sind; in Anbetracht ihrer Gewänder und Kennzeichen, die ganz von den unseren verschieden sind, schien dies euch und sogar mir glaubhaft. Bestärkt noch in dieser Meinung durch den Bericht der *Tallana* aus dem Tiefland, die sie in ihrem Landstrich bei der Verrichtung gewisser Dinge beobachtet hatten, habe ich sie, wie ihr wißt, in mein Land und in meine Städte kommen lassen und sie so behandelt, wie es im ganzen Land bekannt ist. Und ich habe ihnen die bewußten Dinge ausgehändigt, worauf und weshalb sie mich so behandelten, wie ihr festgestellt habt. Nicht sie allein, sondern mit ihnen meine Brüder Paskaq und Inkill und Waypar entrissen mir mein Land und trachteten sogar nach meinem Leben; diesem Anschlag entzog ich mich, wie gesagt, dank der Warnung Antonicos, was ich euch kürzlich berichtet habe: ihn haben die *Anti* verspeist, weil er sich nicht richtig zu verhalten wußte. Angesichts dieser und vieler anderer Vorfälle, die ich ihrer Umständlichkeit wegen beiseite lasse, versammelte ich euch in Cusco, um ihnen einen kleinen Teil von dem, was sie uns angetan hatten, zurückzuzahlen. Euer Vorhaben mißlang, so meine ich, weil ihnen ihr Gott half oder weil ich nicht zugegen war. Das hat mich sehr geschmerzt, aber wir sollten darüber nicht allzusehr verwundert oder bekümmert sein, denn nicht alle Dinge gelingen den Menschen, wie sie es jeweils möchten. Deshalb bitte ich euch, dieser Gelegenheit nicht nachzutrauern, denn so schlecht, daß wir ihnen nicht auch gewisse Verluste zugefügt hätten, ist es uns ja schließlich nicht ergangen. Wie ihr wißt, haben wir ja in Lima und in Cullco Mayo und in Jauja einiges von ihnen erbeutet, was uns eine gewisse Erleichterung bringen mag, wenn es auch das Leid, das sie uns angetan haben, nicht aufwiegt. Für mich ist nun der Augenblick gekommen, so glaube ich, ins Land der *Anti* aufzubrechen, wie ich euch eben angekündigt habe. Ich werde mich dort mehrere Tage aufhalten müssen. Und hört: ich befehle euch, nicht zu vergessen, was ich euch eben gesagt habe und noch zu sagen beabsichtige. Bedenkt, wie lange meine Großväter, Urgroßväter und ich selbst euch ernährt und bewahrt und alle eure Haushalte gefördert und regiert haben, indem wir sie euren Bedürfnissen gemäß versorgten. Deswegen seid ihr verpflichtet, ihr und eure Nachkommen, mich, meine Großväter und Urgroßväter euer Leben lang nicht zu vergessen und meinen Sohn und Bruder Titu Kusi Yupanki sowie meine übrigen Söhne und deren Nachkommen hochzuachten und auf sie zu hören. Dadurch werdet ihr mir eine große Freude bereiten, und sie werden es euch so entgelten, wie ich es ihnen auftragen werde. Diese Worte mögen euch also in dieser Hinsicht genügen.»

Die Antwort der Indianer an den Inka

«*Sapay Inka:* In welcher Herzensqual willst du deine Söhne zurücklassen, die dir so bereitwillig zu dienen gewünscht haben und wünschen und die nötigenfalls tausendmal ihr Leben für dich aufs Spiel setzen würden, wenn es darauf ankäme? Welchem König, welchem Herrn, wem überläßt du sie denn? Was für einen schlechten Dienst, was für einen Verrat, was für eine Schlechtigkeit haben wir dir angetan, daß du uns unserer Hilflosigkeit überlassen willst, ohne einen Herrn oder König, dem wir unsere Achtung erweisen könnten? Niemals haben wir ja einen anderen Herrn oder Vater gekannt als dich selbst, deinen Vater Wayna Qapaq und seine Vorfahren. Laß uns nicht, Herr, so ohne Schutz und Trost, sondern gewähre uns, wenn du willst, die Freude, dich an jeden Ort zu begleiten, wo du auch hingehen möchtest. Wir alle, Kinder und Erwachsene, alte Männer und alte Frauen, sind bereit, dir überallhin zu folgen, auch wenn du uns verläßt.»

Als mein Vater sah, wie begierig alle Leute waren, ihm zu dienen, gab er ihnen die hier aufgeschriebenen Worte zur Antwort:

«Ich danke euch, meine Söhne, für die von euch gezeigte Bereitschaft, mir an jeden Ort, wo ich auch hingehen sollte, zu folgen. Ihr werdet euren Einsatz nicht zu bedauern haben, denn früher als ihr meint, werde ich meine Dankbarkeit be-

weisen und euch entschädigen. Aber, bei eurem Leben, beherrscht euch jetzt und seid nicht so betrübt, denn schon bald werde ich euch wiedersehen. Von nun an bis zu meiner Rückkehr, oder bis ich euch durch meine Boten wissen lasse, was ihr zu tun habt, soll eure Lebensweise folgende sein[28]:
Erstes Gebot sei, diesen Bärtigen, die meiner Vertrauensseligkeit wegen Spott mit mir getrieben haben, keinen Glauben zu schenken, was sie auch sagen mögen, denn sie lügen viel, wie sie mich in allem, was sie mit mir verhandelt haben, belogen haben und es auch mit euch so halten werden. Nach außen hin aber könnt ihr so tun, als ob ihr mit ihren Forderungen einverstanden wärt, und ihnen dann und wann irgendein *kamarikuq* [Gabe] oder sonst etwas überlassen, je nachdem, was es in euren Gebieten gibt; diese Leute sind ja so jähzornig und von uns verschieden, daß sie euch vielleicht gewaltsam entreißen würden, was ihr ihnen nicht gebt, oder euch deswegen mißhandeln könnten: das beste Mittel, dies zu verhindern, besteht darin, euch so zu verhalten, wie ich es sage.
Euer zweites Gebot sei, euch immer bereitzuhalten für den Zeitpunkt, wo ich euch rufen oder wissen lassen werde, was mit diesen Leuten zu tun ist; sollten sie euch etwa angreifen oder versuchen, euch eure Ländereien wegzunehmen, so verteidigt euch stets, müßtet ihr auch dabei das Leben verlieren. Benötigt ihr meine persönliche Gegenwart, so benachrichtigt mich, wo ich mich auch gerade aufhalten sollte, durch Stafetten. Und gebt acht, sie betrügen mit ihren schönen Reden, halten aber ihr Wort nicht. So verhielten sie sich, wie ihr gesehen habt, mir gegenüber, als sie mir sagten, sie seien Söhne des Gottes *Wiraqocha* und mir anfänglich auch große Freundlichkeit und viel Liebe bewiesen, dann aber mit mir machten, was ihr gesehen habt. Wären sie Söhne *Wiraqochas,*

wie sie sich brüsteten, so hätten sich nicht getan, was sie getan haben: *Wiraqocha* kann nämlich das Gebirge in eine Ebene verwandeln, das Wasser versickern und Berge entstehen lassen, wo es keine gibt; niemandem tut er etwas zuleide. Nichts von alldem haben wir sie tun sehen; im Gegenteil, anstatt uns Gutes zu tun, haben sie uns Schlechtes angetan, indem sie uns unseren Besitz entrissen haben, unsere Frauen, unsere Söhne, unsere Töchter, unsere *chakras* [Äcker], unsere Nahrung und viele andere Dinge, die wir in unserem Lande hatten, und zwar auf gewaltsame und betrügerische Weise, gegen unseren Willen: nicht Söhne *Wiraqochas* können wir Leute nennen, die dergleichen tun, sondern, wie ich euch früher schon gesagt habe, Ausgeburten des Teufels *Supay* oder etwas noch Schlimmeres, denn sie haben ihn mit ihren Taten nachgeahmt und Dinge vollbracht, die ich ihrer Schändlichkeit wegen nicht äußern will.

Dieses sei euer nächstes Gebot: Vielleicht werden jene euch befehlen, das anzubeten, was sie selbst anbeten, nämlich eine Art bemalte Tücher, von denen sie behaupten, es handle sich um *Wiraqocha;* sie werden von euch verlangen, sie wie unsere *wakas* [geweihte Orte und Dinge] anzubeten, obwohl es doch bloße Tücher sind. Tut es nicht, sondern haltet euch an das, was wir kennen, denn wie ihr feststellen könnt, so sprechen die Stimmen unserer *willkas* [Heiligtümer] mit uns, und die Sonne und den Mond können wir mit eigenen Augen sehen, während wir das, wovon jene reden, nicht sehen. Ich nehme zwar an, daß sie euch hin und wieder durch Zwang oder Betrug soweit bringen werden, das anzubeten, was sie selbst anbeten: im schlimmsten Fall, wenn ihr es nicht umgehen könnt, tut es in ihrer Gegenwart, aber vergeßt daneben unsere Zeremonien nicht. Und sollten sie euch befehlen, eure *wakas* [hier: Bilder] in Stücke zu schlagen, und euch

Der Inka spricht zu den wakas und willkas.

dazu zwingen, so laßt sie nur in dem Maße, wie es unumgänglich ist, zum Vorschein kommen; bewahrt das übrige. So werdet ihr mich ganz zufriedenstellen.»

Nach all diesen und vielen anderen Ereignissen verabschiedete sich mein Vater von den Indianern, wobei er mich ihnen vorstellte und sagte, ich sei sein Sohn und sie hätten mich nach seinem Hinschied als ihren Herrscher zu betrachten. Dann stand er auf, um sich von seinen Leuten zu trennen. Als sie ihn aufgerichtet sahen, brachen sie alle in so durchdringende und laute Schreie aus, daß man meinte, die Berge würden sich spalten. Und in ihrer Beklemmung wollten ihm die Leute folgen, aber mein Vater ließ es überhaupt nicht zu, es sei denn, daß nichts sie zurückhielt. Diejenigen, die so inständig wünschten, ihm zu folgen, fragte er nämlich, wie sie denn ihre Äcker, ihre Häuser, ihre Frauen und Kinder, ihre *uywas* oder «Haustiere» verlassen könnten, um ihm zu folgen; sie sollten ihren Mut zusammennehmen, er werde sie bald besuchen kommen oder ihnen ausrichten lassen, was sie zu tun hätten. So trennte er sich von ihnen und machte sich auf den Weg zum Dorf Vitcos.

V
Der lange Marsch Manko Inkas

Die Ankunft des Inkas in Vitcos

Nach unserer Ankunft in Vitcos, einem dreißig Meilen von Cusco entfernten Ort, schlugen wir mit den Leuten, die meinen Vater begleiteten, unseren Wohnsitz auf und ließen uns in der Absicht nieder, dort einige Tage zu verweilen und auszuruhen. Mein Vater ließ sich ein Haus zum Schlafen errichten, denn die schon bestehenden Häuser gehörten meinen Vorvätern Pachakutiq Inka, Tupa Inka Yupanki, Wayna Qapaq und den anderen, deren Leichname [Mumien] wir dort untergebracht hatten, weil wir sie weder in Cusco noch in Tambo zurückzulassen wagten.
Ein wenig später, als mein Vater seine Ruhe und Gelassenheit wiedergefunden hatte und nicht mehr argwöhnte, jemand könnte in dieses Land eindringen, wollte er, aufgefordert von den *Anti* und den Bewohnern des Landes, ein besonders feierliches Fest abhalten. Als das Fest seinen Höhepunkt erreicht hatte, sahen sie sich plötzlich, ohne etwas von den Vorfällen zu begreifen, von Spaniern umringt; und da die Indianer des vielen Tranks wegen schwerfällig geworden waren und auch die Waffen zu Hause gelassen hatten, waren sie, vom Angriff überrumpelt, nicht in der Lage, sich gegen Don Diego de Almagro, den Hauptmann Diego Ordóñez [Rodrigo Orgóñez], Gonzalo Pizarro und die vielen anderen, deren Aufzählung zu lange wäre, zu verteidigen. Diese verschleppten alle Indianer, Männer und Frauen, die sie überhaupt vor sich hertreiben konnten, wie auch die Mumien meiner Vorfahren, deren Namen folgende waren: Wanacauri [heiliger Berg

bei Cusco], Wiraqocha Inka, Pachakutiq Inka, Tupa Inka Yupanki und Wayna Qapaq; zudem viele Mumien von Frauen, sowie viel Schmuck und Zierat, der in dieser Feier zur Schau gestellt worden war; außerdem fünfzigtausend Stück auserlesenes Vieh, das beste, das es hier gab, aus dem Besitz meiner Vorfahren und meines Vaters; mich selbst entführten sie ebenfalls, wie auch mehrere *Qoyas.* Mein Vater entschlüpfte ihnen mit einigen anderen, so gut er konnte, und die Spanier kehrten mit ihrem Fang und mir höchst zufrieden nach Cusco zurück [Juli 1537]. Nach unserer Ankunft in Cusco nahm mich ein Soundso [Pedro de] Oñate in seinem Haus auf, wo er mich betreute und umsorgte. Als mein Vater davon erfuhr, sandte er Boten zu ihm, um sich dafür zu bedanken und ihm mich selbst und zwei seiner Schwestern ausdrücklich anzuvertrauen; er ließ ihm ausrichten, er möge für mich und für sie sorgen, er werde es ihm entgelten.

Während ich, nach all diesen Ereignissen, in Cusco bei besagtem Oñate weilte, verließ mein Vater Vitcos, weil ihm einige Hauptleute aus dem Volk der *Chachapoya* vorgeschlagen hatten, ihn zu ihrer Stadt namens Rawantu [heute Levanto, bei Chachapoyas] zu geleiten; dort stehe eine gute Festung, wo sie sich gegen alle ihre Feinde verteidigen könnten [vermutlich Cuélap]. Er überdachte ihren Vorschlag und folgte ihm; auf dem Weg nach Rawantu ruhte er sich einige Tage in einem Dorf namens Oronqoy[29] aus, weil die Einwohner ein Fest zu seinen Ehren veranstalteten. Noch während er, nach Abschluß der Festlichkeiten, weiterhin dort weilte, schickte er seine Meldeläufer auf die Wege, um herauszufinden, ob es da Spanier oder sonstige Leute gäbe, die ihm den Durchgang versperren könnten. Am Ende der gleichen Nacht, in der er sie ausgesandt hatte, bei Tagesanbruch, trafen bei besagtem

Festlichkeit bei den Anti.

Ritualtransport einer Mumie (Monat November).

Dorf Oronqoy, so wird erzählt, über zweihundert schwerbewaffnete und berittene Spanier auf der Suche nach meinem Vater ein. Sie hatten die Wächter der Brücken [über den Fluß Pampas], die dort bestehen, gefangengenommen und mit Stricken gefoltert, um herauszubekommen, wo sich mein Vater aufhielt. Sie sagten ihnen, er sei dort oben im Dorf Oronqoy. Die Spanier ließen die Wächter zurück, und im Galopp, einer hinter dem andern, ritten sie den Hang hinauf in der Hoffnung, meinen Vater im Schlaf zu überraschen oder allenfalls noch bevor er seine Vorkehrungen getroffen hätte. Meine Tante Qora Oqllo, die Schwester meines Vaters, erblickte von weitem die herannahenden Truppen, hörte das Stampfen der Pferdehufe und eilte ins Schlafgemach meines Vaters, um ihm in höchster Erregung anzukündigen, es seien Feinde im Anmarsch, er solle aufstehen und sie angreifen. Als mein Vater sie so erschrocken sah, stand er, ohne sich um irgend etwas zu kümmern, schleunigst auf, um aufzuklären, ob die Dinge so ständen, wie seine Schwester behauptete. Von der Anhöhe aus konnte er auf einen Blick sehen, daß es sich verhielt, wie sie gesagt hatte. Er kehrte eilends nach Hause zurück und befahl, dem Pferd[30] den Zaum anzulegen. Er wollte nämlich unverzüglich, so wie er gerade war, seine Leute sammeln; die Feinde sollten sie nicht überrumpeln, bevor sie kampfbereit wären. Kaum war das Pferd zur Schlacht gerüstet, ließ er ihm den Sattel auflegen, denn die Feinde waren schon nahe. Gut sichtbar ließ er auf einem Hügel viele Frauen, alle mit Lanzen bewaffnet, in einer Reihe aufmarschieren, um ihnen vorzugaukeln, es seien Männer. Nach diesen Vorkehrungen schwang er sich in einem behenden Sprung aufs Pferd, seine Lanze in der Hand. Ganz allein schirmte er alle seine Leute ab, damit die Feinde ihnen nichts anhaben könnten, solange die Meldeläufer, die die ganze Gegend durchkämmten, nicht zurückgekommen wären. Beinahe zur gleichen Zeit wie die Spanier langten sie auf der Anhöhe an, während mein Vater jenen ganz allein zu schaffen machte. Wie sie dort eintrafen und ihren Herrn so angespannt kämpfen sahen, schöpften sie, obwohl sie vom Aufstieg ermattet waren, neuen Mut zum Kampf gegen ihre Feinde, die sich weiter unten befanden. Voller Mut fielen sie also mit Lanzen und Schilden im Schwarm über sie her und warfen sie mehr als geschwind den Hang hinunter. Nachdem sie ihnen diesen Schlag versetzt hatten, ruhten sie ein wenig aus, um Atem zu holen. Als die Spanier bemerkten, daß sie sich zum Trinken hingesetzt hatten, nahmen sie an, sie seien am Ende ihrer Kräfte, und voller Tatendurst stürmten sie neuerdings bergan auf die Unseren los. Diese waren jedoch keineswegs unachtsam, sondern hatten sich mit Leuten, die von da und dort herbeigeeilt waren, verstärkt. Kaum sahen sie ihre Feinde mit solcher Entschlossenheit nahen, da fielen sie über sie her, trieben sie auf einen Schlag auseinander und stürzten sie – die einen oben, die anderen unten – über Klüfte und Felsen in den Abgrund, ohne daß jene hätten Fuß fassen können. Nein, ermattet unter dem Gewicht ihrer Waffen und von der Hitze heimgesucht, schlugen sie sich, da sie in einem so steilen Hang nicht Fuß fassen konnten, gegenseitig in die Flucht. Alle diese Umstände bewirkten ihren gemeinsamen Untergang. Kein Pferd und kein Mann kamen mit dem Leben davon, außer zweien: einer überquerte schwimmend den Fluß, der andere konnte sich an einem Brückenseil festhalten [November 1538].

So standen die Dinge. Nach vollendetem Sieg machten sich die Leute meines Vaters daran, das von den Spaniern zurückgelassene Gut zu sammeln. Sie entblößten alle jene, derer sie habhaft werden konnten, nahmen ihnen ihre Kleider und

Für die Brücken verantwortlicher Inka-Würdenträger.

Waffen weg und schafften alles zusammen ins Dorf Oronqoy hinauf. Mein Vater und die Seinen waren über den errungenen Sieg höchst beglückt, und mehrere Tage lang ergingen sie sich in Festen und Tänzen zu Ehren der Beute und des Siegs.

Am Ende dieser Festlichkeiten und nach all diesen Geschehnissen, brach mein Vater mit seinem ganzen Gefolge auf und ging in Tagesmärschen den Weg in die Stadt Rawantu, die Richtung Quito liegt. Unterwegs, im Tal von Jauja [Mantaro-Tal], in einem Dorf namens Llaqsapallanqa [Sapallanga], erfuhr er, die in jenem Land wohnenden *Wanka* hätten sich mit den Spaniern vereinigt. Er war darüber höchst erzürnt und beschloß, eine Strafe, von der man im ganzen Land hören würde, über sie zu verhängen: weil sie den Spaniern Gehorsam leisteten und sich ihnen unterworfen hätten, so ließ er verlauten, werde er nämlich sie selbst und ihre Häuser den Flammen übergeben; ebenso ihre Frauen, Töchter und Söhne, die im Dienste von Wari Willka ständen, einer mächtigen *waka* [Heiligtum und Gottheit], die sie in ihrem Tal, fünf Meilen von Laqsapallanqa entfernt, unterhielten.

Als die *Wanka* all dies erfahren und vernommen hatten, mein Vater sei höchst erzürnt über sie und gewillt, sie mitsamt ihrer Gottheit Wari Willka zu verbrennen, weil sie sich, obwohl er doch ihr rechtmäßiger Herrscher sei, mit den Spaniern verbündet hätten, da beschlossen sie, seinen Einfall zu verhindern, indem sie den Spaniern Bericht erstatteten. Sie stellten sich also unter deren Schutz, um von ihnen aus der mißlichen Lage, in der sie sich befanden, befreit zu werden. Und kaum waren die Spanier über den Entschluß meines Vaters, die *Wanka* zu vernichten, unterrichtet, da eilten hundert von ihnen, so erzählt man, raschestens herbei, um diesen Hilfe zu leisten. Mein Vater, der vor ihrer Ankunft gewarnt worden war, änderte seine Marschrichtung; auf der einen und auf der anderen Seite des Wegs focht er, Tod und Zerstörung verbreitend, unzählige Kämpfe gegen die *Wanka* aus, wobei er ausrief: «Mögen euch eure Herren jetzt beistehen!» So kam er nach mehreren Tagesmärschen in Groß-Jauja [*Hatun* Sausa] – so heißt es nämlich – an. Dort geriet er in ein größeres Gefecht mit besagten Spaniern und den *Wanka;* dieses Gefecht dauerte zwei Tage, bis mein Vater, dank der großen Anzahl Leute, die er bei sich hatte, und dank seiner Geschicklichkeit, sie schließlich besiegte. Sie töteten fünfzig Spanier, während die übrigen in gestrecktem Galopp entflohen. Einige der Unseren setzten ihnen eine Zeitlang nach, aber als sie sahen, wie eilig jene davonstoben, kehrten sie dahin zurück, wo mein Vater, seine Lanze schwingend, hoch oben auf seinem Pferd saß, mit dem er sehr hartnäckig gegen die Spanier gekämpft hatte. Als diese Schlacht zu Ende war, stieg mein Vater, vom Kämpfen etwas ermüdet, von seinem Pferd und begab sich mit den Seinen, die von der überstandenen Schlacht sehr ermattet, zum Teil auch verwundet waren, zur Ruhe.

Einige Tage später, nachdem seine Leute einigermaßen wiederhergestellt waren, machten sie nach all den Tagesmärschen in einem Dorf namens Huayucachi [bei Huancayo] halt, in dessen Nähe sich das Heiligtum namens Wari Willka befand. Und während jenes Tages, den er dort verbrachte, ließ er die Figur aus dem Erdreich, wo sie bis zu den Schultern eingegraben war, herauslösen. Als die Erde rundherum ausgehoben war, ließ er den ganzen Opferschatz mitsamt den *Yanakuna* [Bedienstete] und den Dienern und den Dienerinnen, welche die Einwohner jenes Landstrichs zum Unterhalt der *waka* abgeordnet hatte, herbeiholen: sie setzten nämlich großes Vertrauen in diese Gottheit. Dann befahl er, alle Bediensteten zu töten, um zu zeigen, daß er der Herrscher war. Der Figur legten sie einen Strick um den Hals und schleiften sie mit Schimpf und Schande den ganzen Weg hinter sich her, sie schleiften ihn über Berge und Steine, durch Sümpfe und Morast, zwanzig Meilen weit, wobei sie spotteten: «Da habt ihr das Vertrauen, das die *Wanka* in diesen Götzen gesetzt haben! Für *Wiraqocha* hielten sie ihn, aber schaut nur, wie es ihm und ihnen und ihren Herren, den Spaniern, ergangen ist!»[31]

Und indem sie so weiterzogen, kamen sie zu einem Dorf namens Acostambo [Provinz Tayacaja, Huancavelica], wo sie ein Jahr lang blieben. Dort bauten sie ihre Häuser und bestellten ihre Landgüter, die jetzt in spanischem Besitz sind. Es heißt jetzt Viñaca, weil dort viel Kastilienwein zu sehen ist. Später, auf Anregung einiger *Anti*-Hauptleute, die ihm mit diesem Wunsch in den Ohren lagen, begab er sich ins Land und zum Ort namens Pillkosuni [am Unterlauf des Apurímac], wo er nochmals mit einer Gruppe von Spaniern, die ihn aufgespürt hatten, in ein Gefecht verwickelt wurde. Er besiegte und verjagte sie – das Wie zu schildern würde zu weit führen –; es sei nur vermerkt, daß ihm dabei Mengen von Artilleriegeschützen, Arkebusen, Lanzen, Armbrüsten und anderen Waffen in die Hände fielen. Und nachdem er in Yeñupay jenen Kampf mit den Spaniern ausgefochten hatte, hielt er sich dort ein Jahr lang auf.

Von einem Dorf zum anderen, in Etappen, die ich der Kürze halber nicht erwähne, kehrte er dann in die Stadt Vitcos und von dort nach Vilcabamba zurück. Nachdem er sich einige Tage ausgeruht und schon gehofft hatte, die Spanier würden ihn in Frieden lassen, meldeten ihm die Kundschafter, die er den Wegen entlang aufgestellt hatte, Gonzalo Pizarro und der Hauptmann Diego Maldonado und Ordóñez [Orgóñez] und viele andere seien im Anmarsch, und mit ihnen kämen drei seiner Brüder, nämlich Don Pablo [Paullu], Inkill und Waypar; die Spanier ließen letztere zu ihrem Schutz vor sich hin marschieren, denn sie behaupteten, jene wollten mit meinem Vater gemeinsame Sache gegen sie machen. Mein Vater machte sich auf, sie drei Meilen von hier in einer Festung, über die er dort verfügte, aufzuhalten; er beabsichtigte, sich darin vor ihnen zu schützen und sich diese Bastion nicht entreißen zu lassen. Als er dort eintraf, sah er sich da ich weiß nicht wie vielen Spaniern gegenüber[32], die man des dichten Urwaldes wegen nicht zählen konnte. Am Ufer eines Flusses kämpften sie, die einen auf der einen, die andern auf der andern Seite, verbissen gegeneinander, und nach zehn Tagen war das Ringen noch nicht zu Ende, denn die Spanier lösten sich laufend ab im Kampf gegen die Scharen meines Vaters und gegen ihn selbst. Aber die ganze Zeit über erging es ihnen schlecht, weil wir die Festung hielten. Die Lage spitzte sich weiter zu, als dort ein leiblicher Bruder meiner Tante Qora Oqllo namens Waypay erschien. Ihn selbst sollte dieses Zusammentreffen das Leben kosten, denn mein Vater war höchst erzürnt, daß er es gewagt hatte, an einem Feldzug gegen ihn teilzunehmen. Und als ihn mein Vater, außer sich vor Zorn, töten wollte, versuchte Qora Oqllo, ihn davon abzuhalten, denn sie liebte [Waypar] sehr. Aber mein Vater, der keine Lust hatte, ihren Bitten nachzugeben, schlug ihm und seinem Bruder Inkill den Kopf ab, wobei er ausrief: «Es ist richtiger, ihnen den Kopf abzuhauen, als sie mit dem meinigen davonziehen zu lassen.» Meine Tante, aufgebracht über den Tod ihrer Brüder, wollte sich nie mehr von der Stelle rühren, wo deren Leichname lagen.

Kaum war dieser Vorfall zu Ende, näherten sich einige Spanier dem Ort, wo sich mein Vater aufhielt. Als er sie herannahen sah und begriff, daß es kein Entkommen gab, beschloß er, sich ins Wasser zu stürzen und den Fluß schwimmend zu überqueren. Am jenseitigen Ufer angelangt, begann er laut auszurufen: «Ich bin Manko Inka, ich bin Manko Inka!» Die Spanier merkten, daß sie seiner nicht habhaft werden konnten und beschlossen, den Rückzug nach Cusco anzutreten. Vor sich her trieben sie Qora Oqllo und Kusi Rimachiq, einen anderen Bruder meines Vaters, den dieser bei sich hatte, und anderes mehr [wahrscheinlich Tiere]. Sie kamen mit meiner Tante zum Dorf Pampaconas, wo sie versuchten, sie zu vergewaltigen. Meine Tante wollte es aber nicht zulassen und verteidigte sich bis zum äußersten mit großer Tapferkeit; sie schreckte nicht davor zurück, ihren Körper mit übelriechenden und abscheulichen Dingen zu besudeln, um diejenigen, die sich ihr nähern möchten, anzuekeln. So verteidigte sie sich unzählige Male bis zur Stadt [Ollantay-]Tambo, wo die Spanier sie, höchst aufgebracht, weil meine Tante nicht zulassen wollte, was sie begehrten, und auch weil sie meines Vaters Schwester war, lebendigen Leibes mit Pfeilen beschossen. Um der Keuschheit willen ließ sie alles über sich ergehen und rief aus, während die anderen sie mit Pfeilen beschossen: «An einer Frau rächt ihr eure Enttäuschung? Was würde denn eine andere Frau an meiner Stelle tun? Beeilt euch, mich zu töten, damit euer Appetit vollständig gestillt werde.» Und sie töteten sie rasch, während sie sich selbst mit einem Tuch die Augen verhüllte.

Als Willaq Umu, ehemaliger Oberbefehlshaber meines Vaters, Tisuq, Taypi, Tanki Wallpa, Orqo Waranqa, Atoq Suki und viele andere ehemalige Hauptleute meines Vaters[32] sahen, daß die Spanier die *Qoya* entführt und sie auf solche Weise mißhandelt hatten, zeigten sie sich davon schmerzlich berührt; und die Spanier, denen das nicht entgangen war, nahmen sie gefangen und sagten: «Ihr werdet sicher wieder eurer alten Liebe zum Inka verfallen und mit ihm gemeinsame Sache machen. Daraus wird aber nichts, denn hier werdet ihr zusammen mit eurer Herrin euer Leben lassen.» Sie verwahrten sich gegen diese Anschuldigungen und sagten, sie beabsichtigten derlei nicht, sondern wollten bei den Spaniern bleiben und ihnen dienen. Die Spanier aber, die ihnen keinen Glauben schenkten und meinten, ihre Worte seien geheuchelt, ließen sie alle verbrennen. Nach deren Verbrennung und dem Tod der *Qoya* begaben sie sich nach Yucay, wo sie Uska, Qori Atau und viele andere mehr verbrannten, um sie daran zu hindern, wieder zu meinem Vater überzulaufen und um sich selbst den Rücken zu decken [Ende 1539].

Nach all diesen und vielen anderen Ereignissen, die ich der Kürze halber übersprungen habe, kehrte mein Vater nach Vilcabamba, der Hauptstadt dieser ganzen Provinz, zurück und verlebte dort in einer gewissen Ruhe mehrere Tage. Und weil er sich nach mir sehnte, sandte er mir von dieser Stadt aus einige Boten nach Cusco, wo ich, seit ich aus Vitcos entführt worden war, weiterhin im Haus des früher genannten Oñate wohnte. Diese Boten raubten mich und meine Mutter und brachten uns heimlich von Cusco zum Dorf Vitcos, wohin sich mein Vater zur Erholung begeben hatte, denn es liegt in der kühlen Zone [auf etwa 3000 m]. Dort verbrachten mein Vater und ich viele Tage. Zu verschiedenen Zeitpunkten landeten dort insgesamt sieben Spanier, die sich, so sagten sie, wegen dort draußen begangener Verbrechen auf der Flucht befanden, und die beteuerten, sie wollten meinem Vater ihr ganzes Leben lang mit allen ihren Kräften dienen; sie baten ihn inständig, er möge sie in seinem Land bleiben und dort ihren Lebensabend verbringen lassen. Als mein Vater sah, daß sie mit lauteren Absichten gekommen waren, ließ er, obwohl er sicher auf die Spanier schlecht zu sprechen war, seinen Hauptleuten ausrichten, sie sollten ihnen nichts antun, er wolle sie nämlich in seinem Land wie Schützlinge beherbergen; man solle ihnen Häuser bauen, in denen sie wohnen könnten. Obschon die Hauptleute meines Vaters sie am liebsten gleich umgebracht hätten, führten sie dessen Anordnungen aus. Mein Vater beherbergte sie tage- und jahrelang, behandelte sie aufs beste und versorgte sie mit allem, was sie brauchten. Obendrein befahl er, seine eigenen Frauen sollten ihnen Speise und Trank zubereiten. Sogar begleiten ließ er sich von ihnen und bewirtete sie an seiner Seite wie sich selbst und vergnügte sich mit ihnen, als wären sie seine Brüder.

Einige Tage und Jahre später weilten die vorhin erwähnten Spanier gerade in Gesellschaft meines Vaters in besagtem Dorf Vitcos, in seinem eigenen Haus. Eines Tages nun spielten mein Vater, sie und ich, in bester Stimmung und unter uns, eine Partie Wurfeisen[34]. Mein Vater war unbeschwert und hatte auch einer Indianerin keinen Glauben geschenkt, die im Dienste eines Spaniers namens Barba stand und ihm mehrere Tage zuvor berichtet hatte, diese Spanier wollten ihn töten. Ohne irgendeinen Verdacht in dieser oder in anderer Hinsicht zu hegen, vergnügte er sich mit ihnen wie früher. Als mein Vater jedoch im Laufe des genannten Spiels das Hufeisen aufheben ging, um zu spielen, fielen sie alle mit Dolchen, Messern und einigen Degen über ihn her; mein Vater, seine Verletzungen spürend, versuchte, sich mit der Wut, die ihm der nahende Tod eingab, nach der einen und der andern Seite hin zu verteidigen. Da er aber allein war und sie sieben an der Zahl, und da er auch über keine Waffe verfügte, warfen sie ihn schließlich vielfach verwundet zu Boden, wo sie ihn wie tot liegen ließen. Als ich, klein wie ich war, sie meinen Vater auf solche Weise behandeln sah, wollte ich mich nähern, um ihm beizustehen. Da wandten sie sich höchst aufgebracht gegen mich und trafen mich mit einem Wurf der persönlichen Lanze meines Vaters, die sich zufällig dort befand, wobei sie mich um ein Haar auch umgebracht hätten. Verängstigt und gleichsam von Entsetzen gepackt, entfloh ich über bewaldete Abhänge hinunter, damit sie mich, sollten sie mich auch suchen, nicht finden könnten. Sie verließen meinen Vater, der in seinen letzten Zügen lag, gingen ganz fröhlich zur Tür hinaus und sagten: «Wir haben den Inka bereits getötet, habt keine Furcht.» Aber einige *Anti*, die gerade eintrafen, sowie der Hauptmann Rimachiq Yupanki kreisten sie ein, und bevor sie noch weit hätten fliehen können, schnitten die Indianer einigen von ihnen in gefährlicher Weise den Weg ab, stürzten sie von ihren Pferden hinunter und schleppten sie gewaltsam mit, um sie zu opfern. Ihnen allen auferlegten sie einen grausamen Tod; einige verbrannten sie sogar. Selbst diese Vorfälle überlebte mein Vater noch drei Tage lang. Bevor er starb [1544], ließ er alle seine Hauptleute und mich selbst herbeirufen, um vor seinem Tod noch zu uns zu sprechen. An die Hauptleute richtete er folgende Worte:

Die Ansprache, die Manko Inka an seine Hauptleute richtete, als er im Sterben lag

Er sagte: «Meine Söhne: Ihr seht nun, wie es mir ergangen ist, weil ich diesen spanischen Leuten zuviel Vertrauen entgegengebracht habe, besonders diesen sieben, die ihr hier kennengelernt habt. Ich behandelte sie wie Söhne, und nachdem sie mich so lange geschützt haben, entgelten sie mir meine Gastlichkeit, indem sie mich so zurichten. Ich werde, so glaube ich, wohl nicht mehr davonkommen. Bei eurem Leben! Gedenkt dessen, was ich euch gesagt und woran ich euch so oft gemahnt habe: in Cusco, in Tambo und an allen übrigen Orten, wo ihr euch, meinem Ruf folgend, versammelt habt, wie auch überall dort, wohin ihr mir gefolgt seid. Da ich wohl weiß, daß ihr alles im Gedächtnis bewahrt habt, will ich mich nicht darüber auslassen; einerseits gestatten es meine unerträglichen Schmerzen nicht mehr, und andererseits besteht kein Grund, euch noch mehr damit zu quälen. Ich vertraue euch meinen Sohn Titu Kusi Yupanki an: kümmert euch um ihn, denn ihr wißt, daß er das Licht meiner Augen ist, und daß ich diesen Knaben seiner Klugheit wegen mehr als Bruder denn als Sohn zu behandeln pflegte. Auch ihm habe ich eingeschärft, sich um euch alle und um alle meine Kinder zu kümmern und für sie zu sorgen, wie ich es selbst getan hätte. Ich bitte euch, es mit ihm zu halten, wie ihr es mit mir gehalten habt: ich bin überzeugt, er wird es euch danken und bestens entgelten. Ruft ihn also herbei, damit ich ihm meinen Segen geben und ihm sagen kann, was er zu tun hat.»

Die Ansprache, die Manko Inka vor seinem Tod an seinen Sohn richtete

«Mein geliebter Sohn: Du siehst wohl, wie es um mich steht, und ich brauche dir nicht in Worten den Schmerz auszudrücken, den die Tatsachen genügend bezeugen. Weine nicht, denn hätte jemand Grund zum Weinen, so wäre ich es, wenn ich es überhaupt noch vermöchte: ich selbst habe mich nämlich in die Lage gebracht, in der ich jetzt bin, weil ich Leuten solcher Art so großes Vertrauen erwiesen und sie, die es nicht verdienten, so verwöhnt habe, wie ich es tat. Wie du weißt, kamen sie hierher, weil sie vor ihren Gefährten wegen bestimmter Verbrechen, die sie dort draußen begangen hatten, fliehen mußten[35]. Ich nahm sie auf und stand ihnen mit väterlichen Gefühlen bei. Hör zu: Ich befehle dir, nie und nimmer mit Leuten dieser Art Verpflichtungen einzugehen, damit es dir nicht wie mir ergeht. Laß nicht zu, daß sie in dein Land eindringen, sosehr sie dich auch mit ihren Worten locken mögen; mich haben ihre honigsüßen Worte getäuscht, und dasselbe wird dir geschehen, falls du ihnen glaubst.

Ich vertraue dir deine Brüder und Schwestern und deine Mutter an: Kümmere dich um sie, hilf ihnen und steh ihnen bei, wie ich es dir gegenüber getan habe. Und schau: tu meinen Gebeinen kein Leid an, indem du deine Geschwister und deine Mutter schlecht behandelst; du weißt wohl, daß sie darunter sehr leiden würden.

Ich vertraue dir auch diese armen Indianer an: Kümmere dich um sie, wie es recht und billig ist, und denke daran, wie sie aus Liebe zu mir ihre Ländereien und ihre Heimat aufgegeben und mich im Laufe aller meiner Bedrängnisse begleitet, bewahrt und geschützt haben. Überfordere sie nicht, quäle sie nicht, schelte und bestrafe sie nicht ohne Schuld, sonst rufst du nämlich *Wiraqochas* Unwillen hervor. Ich habe ihnen befohlen, dich zu achten und an meiner Stelle als ihren Herrscher anzuerkennen, denn du bist mein erster Sohn und Erbe meines Königreichs, und dies ist mein letzter Wille[36].

Ich habe volles Vertrauen zu ihrem Wohlwollen und weiß, daß sie dich als solchen anerkennen und achten und nichts anderes tun werden, als was ich ihnen gesagt habe und was du ihnen zu befehlen beliebst.»

Nach diesen Worten schied er dahin und ließ mich im Dorf Vitcos zurück. Von dort zog ich hierher nach Vilcabamba, wo ich ruhig weilte, bis mich einige Indianer aus Huamachuco auf Verordnung der Gerichtsbehörden von Cusco – erlassen von Gonzalo Pizarro, der damals gegen den König rebellierte – um meine Ruhe brachten [um 1545]. Seither sind mehr als zwanzig Jahre verstrichen.

Nachspiel

Sayri Tupaq beim spanischen Vizekönig Marquis von Cañete in Lima.

Ich, Titu Kusi Yupanki...

Die Art und Weise wie ich, Don Diego de Castro
Titu Kusi Yupanki, mit den Spaniern
endlich Frieden schloß, und auf diesen Frieden hin,
dank der Güte Gottes – den wir früher
Wiraqocha nannten – Christ wurde

Dies geschah wie folgt:
In meinen vorherigen Erklärungen habe ich kurz und bündig geschildert, warum mein Vater Manko Inka Yupanki der rechtmäßige Herrscher dieser Königreiche von Peru war, auf welche Art und Weise die Spanier in sein Land einfielen, wie und warum er sich gegen sie auflehnte (nämlich ihrer vielen Mißhandlungen wegen), und wie sein Leben verlief und endete.
Hier will ich nun ausführen, wie ich es seit seinem Lebensende gehalten und auf welchem Weg ich mich zum Christentum bekehrt und mit den Spaniern Frieden geschlossen habe. Dies geschah mit Gottes Hilfe, denn die Herrschaft gehörte damals dem Herrn Gouverneur Licenciado Lope García de Castro, der die Königreiche von Peru regierte und verwaltete. Die Dinge waren wie folgt abgelaufen:
Zu der Zeit, da der Marquis von Cañete Vizekönig dieser Königreiche von Peru war [1556–1560], sandte er mir einen Pater des Dominikanerordens in dieses Land, wo ich wohne, um mit mir meine Übersiedlung nach Cusco auszuhandeln. Der Pater kündigte an, der Vizekönig sei im Besitz einer Verordnung des Kaisers Don Carlos [Karl V.], die sie verpflichtete, meinem Rang entsprechend für mein Auskommen zu sorgen, falls ich mein Land verlassen und mich zum Christentum bekehren wolle. Da kam mir aber die Behand-

lung in den Sinn, welche die Spanier meinem Vater hatten angedeihen lassen, als sie mit ihm zusammen in Cusco weilten, und auch die Anordnungen, die er mir an seinem Lebensende gegeben hatte: und ich dachte, es könnte mir vielleicht wie meinem Vater ergehen. Deswegen wollte ich damals dem Vorschlag nicht zustimmen, den mir der Pater, Bruder Melchor de los Reyes – er war es, der mit dem Anliegen gekommen war –, und sein Gefährte, ein gewisser Juan Sierra[37], auf Geheiß des Vizekönigs unterbreitet hatten.

Um zu klären, ob die Behauptungen des Paters der Wirklichkeit entsprachen oder nicht, sandte ich aber mit besagtem Pater einige meiner Hauptleute zum Marquis [von Cañete], damit sie mir über diese Angelegenheit Gewißheit verschafften; ich sei bereit, so ließ ich verlauten, einen meiner Brüder an meiner Stelle dort hinzusenden, falls es sich so verhielt, wie sie gesagt hatten. Er könne so die Lebensweise der Spanier erproben und mir berichten, wie sie sich ihm gegenüber verhielten. Sei ihr Verhalten zufriedenstellend, so würde ich ihm nachfolgen.

Nach mehr als einem Jahr kamen besagter Pater und meine Hauptleute zurück und bestätigten alles. Als ich feststellen durfte, daß eine Persönlichkeit vom Range des Marquis mich so inständig bat und mir so beweiskräftig versicherte, für mein Auskommen zu sorgen, entsandte ich [Oktober 1557] meinen Bruder Sayri Tupaq, den ich zuvor darin unterwies, wie er sich zu verhalten habe. Kaum war dies getan, begab er sich mit besagtem Pater zum Vizekönig, der ihm zu seinem Auskommen das Tal von Yucay und andere *repartimientos* [Indianer- und Landzuteilung] zuwies. Dort starb er [1560] als Christ.

Als ich von seinem Tod erfuhr, war ich sehr bestürzt, denn ich nahm an, die Spanier hätten ihn umgebracht, wie sie schon meinen Vater getötet hatten. In dieser Sorge verbrachte ich mehrere Tage, bis mir der Licenciado Polo [de Ondegardo][38] durch Martín de Pando, der mir bis auf den heutigen Tag als Notar zur Seite steht, und durch Juan de Betanzos[39] von Cusco aus versichern ließ, mein Bruder Sayri Tupaq sei eines natürlichen Todes gestorben. Nachdem ich davon Kenntnis genommen hatte, hielt ich Martín de Pando in meinem Land zurück und ließ Juan de Betanzos mit der Antwort den Rückweg antreten.

So verlebte ich mehrere Tage, bis mich im Auftrag des Grafen von Nieva, der dem Marquis von Cañete [1561] als Vizekönig nachgefolgt war, wiederum einige Gesandte mit Vorschlägen zum Frieden, den die Spanier mit mir zu schließen wünschten, aufsuchten. Die Vorschläge des neuen Vizekönigs entsprachen denen des Marquis, und ich gab zur Antwort, ich sei zum Frieden bereit, falls sie mir etwas von dem vielen, das der König an Ländereien meines Vaters in Besitz genommen hatte, zurückgäben. Mit dieser Antwort zogen die Gesandten ab.

Alle diese Friedensbemühungen der Spanier ließen sich, meiner Meinung nach, auf einen von drei Gründen zurückführen: entweder meinten sie, ich unternähme fortwährend Streifzüge durch ihre Ländereien und entführe ihnen eine große Anzahl von Einheimischen; oder ihr König – eingedenk dessen, war er von meinem Vater her besitzt – hatte es ihnen so befohlen; oder vielleicht wollten sie mich dort in ihrem Land in der Nähe wissen, um dank meiner Gegenwart sicher zu sein, daß ich ihnen keinen weiteren Schaden zufügen könnte. Da ich in Glaubensdingen nicht bewandert war, fiel es mir nicht ein, der wichtigste Grund, wie ich heute vermute, sei ihr Wunsch gewesen, mich zum Christen zu machen. Erst jetzt, wo die Mönche es mir erklärt haben, begreife ich, daß dies einer, wenn nicht der wichtigste ihrer Gründe war.

Nachdem die erwähnten im Auftrag des Grafen von Nieva gekommenen Gesandten ihrer Wege gegangen waren, erschien, wieder mit dem gleichen Anliegen, der Schatzmeister García de Melo; er bat mich, die Feindseligkeiten einzustellen und von meinen Streifzügen abzulassen, damit die Spanier Ruhe hätten; der König gebe mir sein Wort, mich zu entschädigen, falls ich gestatte, daß Priester zum Verkünden des göttlichen Wortes in mein Land einreisten. Auf seine Bitte, die Feindseligkeiten einzustellen, den Indianern nichts anzutun und die Spanier in Ruhe zu lassen, antwortete ich ihm, ich gäbe ihm mein Wort: solange sie mich nicht herausforderten, würde ich gern auf Streitereien verzichten, wie es ihm die Tatsachen beweisen würden; was seinen Wunsch betreffe, die Einreise von Priestern in mein Land zu gestatten, so wisse ich nichts von diesem Handwerk; vorerst solle Frieden geschlossen werden, nachher werde man tun, was sich als richtig erweisen würde. Mit dieser Antwort zog der Schatzmeister Melo das erste Mal ab.

Während dieses Kommen und Gehen von Cusco in mein Land und von meinem Land nach Cusco seinen Lauf nahm, geschah es, als gerade der Doktor Cuenca, *Oidor* [Auditor] Seiner Majestät in Cusco *Corregidor* war, daß eine Gruppe von Indianern, die Nuño de Mendoza zugeteilt waren und am Ufer eines Flusses namens Acobama wohnten, wegen Mißhandlungen, die ihnen ein spanischer Aufseher auferlegt hatte, ihm entflohen und die Grenze zu meinem Land überschritten, um mich als ihren Herrn anzuerkennen. Kaum hatte der Doktor Cuenca davon gehört, schrieb er mir in der Meinung, ich hätte sie gewaltsam verschleppt, einen überaus groben Brief, in dem er mich aufforderte, die Indianer ihrem

Besitzer zurückzugeben, sonst würde er gegen mich den grausamsten Krieg führen, der je gegen Menschen geführt worden sei. Als mir dieser Brief unter die Augen kam, ergriff mich eine große Betrübnis, und ich gab zur Antwort, die mir angekreideten Dinge verhielten sich nicht so; wollten sie aber Krieg, so sei ich immer dazu gerüstet, wann sie auch immer kämen. Und in meinem Zorn unterwies ich meine Leute für diesen Fall und ließ an allen möglichen Orten Spione aufstellen, damit mich diejenigen, die mir Böses antun wollten, nicht unvorbereitet anträfen. Besagter Doktor Cuenca würdigte mich keiner Antwort. Um zu erfahren, ob er immer noch beabsichtigte, den angekündigten Feldzug zu unternehmen, schlug ich den Weg ein, auf dem er kommen mußte. Von diesem Unternehmen brachte ich mehr als fünfhundert Indianer verschiedener Herkunft zurück und ließ mich dann wieder ruhig in meinem Hause nieder. Dort erhielt ich von besagtem Doktor Cuenca einen in Lima geschriebenen Brief, von dem ich nicht weiß, wie er zu mir gelangt ist. Darin bot er mir seine Dienste an und bat mich, das Geschehene geschehen sein zu lassen.

Daraufhin erschien einmal mehr [1565] der Schatzmeister Melo mit einer Depesche von Euer Gnaden. Auf meine Bemerkungen hin riet er mir, meinen Sohn Don Felipe Quispe Tito [8] mit dessen Kusine Doña Beatriz [7] zu verheiraten. So kamen wir überein, wie der Frieden zu schließen sei, den er und ich auf Ihr Geheiß nach Ankunft der von Euer Gnaden bestimmten Zeugen später in Acobamba schlossen [24. Aug. 1566]; Diego Rodríguez war dabei als *Corregidor* und Martín de Pando als Notar zugegen. Da Euer Gnaden im Besitz einer ausführlichen Fassung sind und diese Seiner Majestät vorweisen können, erwähne ich hier nicht, wie und auf welche Weise das Übereinkommen und der Vertrag zustandegekommen sind; auch sonst brauche ich ja nichts im einzelnen auszuführen: Euer Gnaden haben ja selbst alles veranlaßt, von der Begegnung in Chuquichaca und der Ankunft Hernando [richtig: Juan de] Matienzos [1565][40] bis zu meiner Bekehrung und Taufe. Ich wünsche, daß Seine Majestät von mir selbst erfährt, daß Euer Gnaden das Hauptverdienst an allem zukommt.

Als Euer Gnaden mir Diego Rodríguez schickte, um in meinem Land das Amt eines *Corregidors* auszuüben, nahm ich ihn, wie Sie wissen, bei uns auf, weil Euer Gnaden ihn gesandt hatten, und weil ich einsah, daß dies der Verwirklichung des Friedens förderlich war, des Friedens, den ich mich verpflichtet hatte, mit dem König, unserem Herrn, und seinen Vasallen einzugehen. Ich habe ihn in jeder Hinsicht eingehalten: erstens dadurch, daß ich den *Oidor* und Licenciado Matienzo bei der Chuquichaca-Brücke empfing und ihn über gewisse Dinge, die in meinem Land vorgingen, aufklärte; zweitens indem ich Priester in mein Land eingelassen habe zur Unterweisung meiner selbst und meiner Leute in den Belangen Gottes; dies geschah im Fall des Paters [Antonio de] Vera, den Euer Gnaden mir [1566] sandten. Er taufte meinen Sohn Don Felipe Quispe Tito und weilte beinahe anderthalb Jahre im Land. Dann verließ er es bei der Ankunft der Augustinermönche, die mich taufen kamen.

Und folgende ist die Art und Weise, wie ich es bisher mit meinem Christenglauben gehalten habe und halte. Da Euer Gnaden mich in vielen Briefen gebeten hatten, Christ zu werden, weil dies der Erhaltung des Friedens zuträglich sei, bemühte ich mich, aus Diego Rodríguez und Martín de Pando herauszubekommen, wer unter den Mönchen in Cusco die hervorragendste Persönlichkeit sei und welche Religion die breiteste Zustimmung und größte Macht besitze. Sie erklärten mir, die mächtigste, angesehenste und blühendste Religion sei jene des Herrn Sankt Augustinus, und ihr Prior, besser gesagt, der Prior ihrer in Cusco ansässigen Mönche sei die hervorragendste Persönlichkeit, die es unter Cuscos Mönchen gebe. Da dies der Wirklichkeit entsprach und ich es auch so auffaßte, begeisterte ich mich für jenen Orden und jene Religion mehr als für alle anderen, und entschloß mich, besagtem Prior eine Reihe von Briefen zu schreiben, in denen ich ihn bat, mich persönlich taufen zu kommen; es beliebe mir, eher durch seine Hände als durch die eines andern getauft zu werden, weil er eine so hervorragende Persönlichkeit sei. Und er, ein überaus ehrbarer Mönch, erwies mir die Gnade, sich hierherzubemühen, um mich in meinem Lande zu taufen. Er ließ sich von einem anderen Mönch und von Gonzalo Pérez de Vivero und [A-]tilano de Anaya[41] begleiten. Am zwölften Augusttag des Jahres fünfzehnhundertachtundsechzig[42] trafen sie im Dorf Rayangalla ein, wohin ich mich von Vilcabamba aus begab, um mich taufen zu lassen: zu diesem Zweck, wie ich vermutete, waren sie nämlich gekommen. In besagtem Dorf Rayangalla weilten besagter Prior, Bruder Juan de Vivero, sein Gefährte und die anderen vierzehn Tage lang, um mich in den Dingen des Glaubens zu unterweisen. Nach deren Ablauf, am Tag des glorreichen Doktors Sankt Augustinus, taufte mich besagter Prior, wobei mir Gonzalo Pérez de Vivero und Doña Angelina Sisa Oqllo[43] Pate standen. Nach der Taufe blieb besagter Prior weitere acht Tage, um mich in sämtlichen Belangen unseres heiligen katholischen Glaubens zu bestärken und mich dessen Dinge und Mysterien zu lehren. Nachdem das eine und das andere erledigt war, brach besagter Prior mit Gonzalo Pérez de Vivero auf; im Land ließ er mir seinen Gefährten namens Bruder Marcos García zurück[44]; er sollte mich nach und

nach mit den Dingen, die besagter Prior mich gelehrt hatte, vertraut machen, und auch den Einwohnern meines Landes das Wort Gottes predigen und lehren.
Noch vor seiner Abreise erklärte ich meinen Indianern, warum ich mich hatte taufen lassen und jene Leute in mein Land gerufen hatte, welchen Nutzen die Menschen aus ihrer Taufe zogen und warum besagter Pater im Land blieb. Sie antworteten mir alle, sie seien erfreut über meine Taufe und auch darüber, daß der Pater im Land bleibe; sie würden sich bemühen, in naher Zukunft das gleiche zu tun, da der Pater ja zu diesem Zweck im Land sei.
Zwei Monate waren verstrichen, seit der Prior abgereist war und besagter Pater in Rayangalla begonnen hatte, die Dinge des Glaubens zu lehren und zu unterrichten; auch einige Kleinkinder hatte er im Einverständnis mit ihren Eltern schon getauft. Da beschloß er, mit Martín de Pando das Land, das jenseits der Pässe nach Huamanga [Ayacucho] liegt, besuchen zu gehen. Vier Monate lang blieb er dort, der gleichen Tätigkeit nachgehend; in den Dörfern, in die er kam, ließ er Kreuze aufstellen und Kirchen bauen. Der Dörfer waren es acht, der Kirchen drei; in den andern: Kreuze. Alles in allem taufte er neunzig Kleinkinder. Nachdem er dies getan und Knaben zur Verkündigung der Lehre zurückgelassen hatte, kehrte er in besagtes Dorf Rayangalla zurück, wo er allein sieben Monate verweilte, um die Indianer der ganzen Gegend zu taufen und zu unterweisen. Und im Monat September [1569] gesellte sich ihm ein anderer Pater als Gefährte zu; beide wohnten zusammen in jenem Landstrich, bis ich sie nach Vilcabamba kommen ließ, wo wir uns jetzt aufhalten. Hier haben sie niemanden getauft, denn die Leute dieses Landes sind noch zu unerfahren in den Dingen, die sie über das Gesetz und die Gebote Gottes wissen und erfassen

müssen. Ich werde dafür sorgen, daß sie sie mit der Zeit wissen werden.
Ich habe mich bemüht, Euer Gnaden auf dem oben erwähnten Weg, zusammenfassend und ohne weitere Einzelheiten, die Art und Lebensweise meines Vaters und den Verlauf und Abschluß meiner Verhandlungen bis zu dem Punkt auseinanderzusetzen, an dem ich angelangt bin. Mögen Sie nun, nachdem Sie davon Kenntnis genommen haben, Seiner Majestät alles klären. Sollte es sich als nötig erweisen, da und dort ausführlicher darauf einzugehen, wie es sich verhielt und bis heute verhalten hat, so mögen Euer Gnaden mich benachrichtigen, wann auch immer Sie belieben, damit ich es Ihren Wünschen entsprechend tun kann. Einstweilen, meine ich, sollte dies genügen, obwohl es noch manches zu bemerken und unserer Ausdrucksweise gemäß zu sagen gäbe: besonders über unseren Ursprung und unseren Beginn, über unsere Kleidung und die Art unserer Menschen. Um nicht abzuschweifen, lasse ich alle diese Dinge beiseite; sie tun nichts zur Sache, die wir hier zu behandeln haben. Nur um eines möchte ich Euer Gnaden, nachdem Sie mir in allem Ihre Gunst erwiesen haben, inständig bitten: Seiner Majestät das, was hier geschrieben steht, der Wahrheit entsprechend und mit aller Wärme zu erklären. Damit erweisen Sie mir eine überaus große Gunst, denn ich erwarte von Seiner Majestät, meinem Herrn, auf immer mit Vorteilen bedacht zu werden. Hier halte ich ein, denn ich meine, mich ausgiebig geäußert zu haben.

Indem der erlauchte Herr Titu Kusi Yupanki, Sohn von Manko Inka, dem ehemaligen rechtmäßigen Herrscher über die Königreiche Perus, in allem Auskunft gab, wurde der vorstehende Bericht verfaßt und geordnet vom hochwürdigen Herrn Bruder Marcos García, Mönch und Priester des Augustinerordens, ansässig in dieser Proviz Vilcabamba und beauftragt mit der Verwaltung der Seelen, die in ihr wohnen, zu Ehren und Ruhm des allmächtigen Gottes – Vater, Sohn und heiliger Geist, drei Personen und ein einziger wahrer Gott – und der glorreichen Königin der Engel, der Mutter Gottes, der heiligen Maria, unserer Herrin, jetzt und immerdar, Amen.

Ich, Martín de Pando, Notar im Auftrag des sehr erlauchten Herrn Licenciado Lope García de Castro, des ehemaligen Gouverneurs dieser Königreiche, bestätige, daß der vorstehende Bericht von besagtem Pater auf Veranlassung des besagten Don Diego de Castro geordnet und diktiert worden ist. Mit meinen eigenen Händen schrieb ich ihn nieder, wie der Pater ihn mir diktierte. Augenzeugen der Niederschrift und des Diktierens waren der hochwürdige Herr Bruder Diego Ortiz, Profeß, Priester besagten Ordens, der mit dem Autor dieses Berichts zusammenwohnt, sowie drei Hauptleute des besagten Don Diego de Castro, mit Namen Suya Yupanki, Rimachiq Yupanki und Sullka Waraq[?]. Ich beglaubige Vorstehendes, indem ich es mit meinem Namen unterzeichne. Abgeschlossen in San Salvador de Vilcabamba, am sechsten Februar des Jahres fünfzehnhundertsiebzig. Zur weiteren Beglaubigung unterzeichneten mit ihren Namen besagter Pater, Bruder Marcos García, und Bruder Diego Ortiz und ich, besagter Martín de Pando. Ich, Bruder Marcos García, bestätige, bei der Niederschrift zugegen gewesen zu sein. Als Zeuge: Bruder Diego Ortiz. Zur Bescheinigung der Wahrheit: Martín de Pando, Notar.

Ich, Don Diego de Castro Titu Kusi Yupanki, Sohn von Manko Inka Yupanki, dem früheren rechtmäßigen Herrscher über diese Königreiche Perus, sage aus: Insofern ich unserem Herrn, dem König Don Felipe [Philipp II.] über Dinge, die mich und meine Nachkommen betreffen, Bericht erstatten muß, aber die von den Spaniern in solchen Schriftstücken angewandte Ausdrucksform nicht kenne, bat ich den hochwürdigen Herrn Bruder Marcos García und den Sekretär Martín de Pando, den erwähnten Bericht ihrer angestammten Ausdrucksweise gemäß zu ordnen und zusammenzustellen, um ihn dem sehr erlauchten Herrn Licenciado Lope García de Castro in die Königreiche Spaniens senden zu können. In meinem Namen und Auftrag, ausgestattet mit meiner ausdrücklichen Vollmacht, möge er ihn dort Seiner Majestät, unserem Herrn und König Don Felipe, vorweisen und vortragen; in Anbetracht meines Rechts auf Entschädigung möge Seine Majestät mich, meine Söhne und Nachkommen mit königlichen Gunstbeweisen bedenken. Zur Bestätigung der vorstehenden Worte faßte ich diesen von mir mit meinem Namen unterzeichneten Vermerk ab. Ausgeführt an obenerwähntem Tag, Monat und Jahr. Don Diego de Castro Titu Kusi Yupanki.

Vollmacht zu Händen des Gouverneurs, Herrn Licenciado Lope García de Castro

Wer auch immer diese Vollmacht zu Gesicht bekommen wird, möge davon Kenntnis nehmen, daß ich, der *Sapay Inka* Don Diego de Castro Titu Kusi Yupanki, erbberechtigter Sohn beziehungsweise Enkel von Manko Inka Yupanki und Wayna Qapaq, den ehemaligen rechtmäßigen Herrschern über diese Königreiche und Provinzen Perus, folgendes erkläre:

Insofern ich in den Königreichen Spaniens viele Dinge und Angelegenheiten zu verhandeln habe mit unserem Herrn, dem König Don Felipe, mit anderen Instanzen gleich welchen Standes und welcher Natur, weltlichen und kirchlichen, sowie mit gewissen anderen Persönlichkeiten, die sich von diesen Königreichen in jene Spaniens begeben haben könnten und sich vielleicht oder tatsächlich dort niedergelassen haben, und sofern ich niemanden zu finden vermöchte, der sich meiner Angelegenheiten mit größerer Gewissenhaftigkeit und Wärme annehmen würde als der Herr Gouverneur, Licenciado Castro, der gerade in die Königreiche Spaniens abreist, und auch niemanden, der sie sich mehr zu Herzen nähme noch nehmen könnte, als er es gefälligerweise zu tun pflegte und pflegt, erteile ich ihm hiermit auf Grund des Vertrauens, das ich ihm entgegenbringe, die ausreichende, absolute und genügende rechtmäßige Vollmacht, wie ich sie selbst besitze und habe und wie sie in solchen Fällen von Rechts wegen verlangt wird. Ich ermächtige ihn, für mich und in meinem Namen und anstatt meiner selbst vor Seiner Majestät zu erscheinen und Seiner königlichen Hoheit irgendein Gesuch oder irgendwelche Gesuche zu unterbreiten und alles auszusagen und zu erklären, was man ihn bezüglich meiner Angelegenheiten fragen sollte, als ob ich es selbst aussagte oder erklärte; zu erscheinen vor irgendwelchen Räten, *audiencias* [Gerichten], Bürgermeistern und Ämtern und vor irgendwelchen Behörden Seiner Majestät, kirchlichen und weltlichen; alle und irgendwelche Dinge, die seiner Ansicht nach mir gehören könnten oder müßten, zu fordern und zu beanspruchen, zu schützen und zu verteidigen; diese Dinge zu besitzen, zu verwalten und zuzusprechen, als ob ich sie selbst besäße, verwaltete und höchstpersönlich zuspräche; mir alles, was sich auf diese Weise an Gold- oder Silber-Pesos, an Gütern, Zinsen, Herden oder sonstigen Dingen herausschlagen ließe, auf meine Kosten und in meinem Auftrag in diese Königreiche zu schicken. Ich ermächtige ihn auch, für mich und in meinem Namen, seinem Gutdünken nach, mit einer beliebigen Summe von mir gehörenden Gold-Pesos irgendwelche Güter, Vermögen oder Waren anschaffen zu lassen oder anzuschaffen, die ihm für mich geeignet scheinen, gehe es nun um bewegliche oder liegende Habe. Er besitzt auch die Vollmacht, irgendwelche Ansuchen oder Anträge zu unterbreiten, Verleumdungsschwüre und zugeschobene Eide abzulegen, die Wahrheit zu sagen, auf die Schritte der Gegenpartei zu reagieren, Vergleiche zu schließen, Zeugen, Beweisschriften, Urkunden, Verfügungen, königliche Verordnungen und jede andere Art von Beweisen zu präsentieren und zurückzuziehen; der Gegenpartei zu widersprechen; irgendwelche Ablehnungen auszusprechen, Verdachte und Einsprüche zu erheben, sie zu schwören und zu widerrufen; in meinem Namen irgendeinen Besitz an irgendwelchen mir gehörenden und passenden Vermögen und Gütern einzugehen und sicherzustellen und während der Beschlagnahme zu tun, was sich als richtig erweist und den betreffenden Gütern förderlich ist; ein günstiges Urteil anzuhören, mit der Gegenpartei übereinzukommen; Berufung einzulegen und Klage zu erheben, wie und wo es von Rechts wegen möglich ist; das Verfahren bis zu seinem Abschluß zu verfolgen, die Gerichtskosten zu fordern und anzuerkennen; alles das zu tun, was ich selbst tun könnte, auch wenn es hier weder aufgeführt noch ausgedrückt ist, und seien es auch Dinge von Wichtigkeit, die meine Anwesenheit erfordern würden. Ja, in dem Maße, wie meine Macht unumschränkt und von Rechts wegen gegeben und übertragen werden muß, gebe und übertrage ich sie ihm mit allen ihren Auswirkungen, ihren Anlagen und ihrem Zubehör und mit freier und allgemeiner Verwaltung. Ich ermächtige ihn auch, besagte Vollmacht seinem Gutdünken nach einer oder mehreren anderen Personen zu übertragen und diese Übertragung zu widerrufen. Diese und ihn entlaste ich in aller Form und verpfände als Garantie alle Güter, Tribute, Zinsen und Vermögen, die dazu geeignet sind, gegenwärtige und künftige bewegliche oder liegende Habe.

Um Vorstehendes zu bescheinigen, habe ich es mit meinem Namen unterschrieben. Ausgestellt am sechsten Februartag des Jahres fünfzehnhundertsiebzig. Folgende Zeugen wohnten der Abfassung der Urkunde bei: die sehr hochwürdigen Herren Bruder Marcos García und Bruder Diego Ortiz sowie Don Pablo Wallpa Yupanki und Don Martín Kusi Waman und Don Gaspar Sullka Yanaq.

Ich, Martín de Pando, Notar im Auftrag des sehr erlauchten Herrn Gouverneurs, des Licenciado Castro, beglaubige die Wahrhaftigkeit der vorstehenden Erklärung und die Tatsache, daß besagter Inka Don Diego de Castro besagtem Herrn Licenciado Castro, dem ehemaligen Gouverneur dieser Königreiche, diese Vollmacht den rechtlichen Anforderungen entsprechend erteilt hat. Um dies zu bescheinigen, setzte ich in seinem Namen Don Diego de Castro als Unterschrift hin, wie sie unten im Original erschien. Don Diego de Castro Titu Kusi Yupanki. Als Zeuge: Bruder Marcos García. Als Zeuge: Bruder Diego Ortiz. Zur Bescheinigung der Wahrhaftigkeit habe ich hier mein Zeichen hingesetzt. Martín de Pando, beauftragter Notar.

Das Testament Manko Inkas

So unschuldig und den Spaniern wohlgesinnt, wie er es in den letzten Seiten seines Berichts zu sein vorgibt, war Titu Kusi Yupanki in den mehr als zehn Jahren seines Vilcabamba-Regimes (1560–1571) keineswegs. In einem an die Spanier gerichteten Brief war es jedoch nur zu natürlich, daß er seine wirklichen Ziele und Tätigkeiten zum größten Teil verschwieg. Heute, mehr als vierhundert Jahre nach seinem Tod, dürfen wir uns aber gestatten, das Geheimnis zu lüften. Rufen wir uns zunächst das politische Testament seines Vaters, wie Titu Kusi selbst es wiedergibt, in Erinnerung. Kurz bevor Manko Inka, besiegt, sich in die Urwälder des Andenostabhangs zurückzog, hatte er ja seinen Würdenträgern und Untertanen eine Abschiedsrede gehalten, um ihnen die neue Lage zu erklären und die Richtlinien für ihr künftiges Verhalten gegenüber den Spaniern festzulegen. Schwerpunkte dieser Rede sind folgende: 1. Der Inka verläßt das Hochland, wird aber wieder zurückkehren – um die Eindringlinge aus dem Land zu werfen. 2. Die Bevölkerung soll unterdessen passiven Widerstand leisten. 3. Die Saatfelder sind notfalls bis zum letzten Blutstropfen zu verteidigen – dies ist, auch wenn Manko es nicht erwähnt, ein Gebot der *Pacha-mama*, der «Erdmutter». 4. Die herkömmliche Religion ist weiterhin gültig; oberflächliche Konzessionen dürfen gemacht werden. Ob diese Rede wirklich so gehalten worden ist, entzieht sich für immer unserer Kenntnis. Es geht aber aus den späteren geschichtlichen Ereignissen hervor, daß nicht nur die letzten Inka, Titu Kusi Yupanki und Tupaq Amaru, sondern ein wesentlicher Teil der indianischen Andenbevölkerung diesen oder analogen Prinzipien bis in unser Jahrhundert hinein nachgelebt haben. Manko Inkas Testament ist also nichts an-

deres als eine Formulierung des kollektiven Geschichtsbewußtseins der Andenindianer.
Wenden wir uns nun den von Titu Kusi unterschlagenen, mehr oder weniger mysteriösen Vorkommnissen seiner Regierungszeit zu.
Um 1565 entdeckten die Spanier bei ihren treuesten Verbündeten, den uns schon bekannten *Wanka*, Anzeichen eines von den Inka gesteuerten militärischen Komplotts, das die Verschwörer aber noch rechtzeitig abblasen konnten. Erstaunt mußten die neuen Herren feststellen, wie weit die Befehlsgewalt Titu Kusi Yupankis in ihr eigenes Gebiet hineinreichte. Außerdem wurde bekannt, daß Abgesandte des Inka von Jauja (Mittelperu) bis Parinacochas (Südperu) die Wiedergeburt der Schöpfergottheit *Pacha-kamaq* verkündeten. Unter offenkundiger Unterstützung des Inka brach sozusagen gleichzeitig in Ayacucho die politisch-religiöse Bewegung des *Taki onqoy*, der «Tanz-» oder «Musikkrankheit», aus. Über diese Bewegung sind wir recht gut informiert, weil sie einen Massenprozeß, dessen Akten erhalten sind, gegen Hunderte von «Tanzkranken» zur Folge hatte.
In ihren Aussagen vor der Inquisition erklärten die Angeklagten, alle *wakas*, die von den Spaniern zerstört oder verbrannt worden waren, seien auferstanden und hätten zwei Gruppen gebildet: die einen hätten sich mit der *waka* von *Pacha-kamaq* (Pazifikküste) zusammengeschlossen, die anderen mit der von *Titicaca* (Hochland); sie bewegten sich durch die Lüfte und spornten an zum Kampf und Sieg gegen Gott, sie hätten diesen auch bereits besiegt; als der Marquis (Pizarro) in dieses Land eindrang, habe Gott die *wakas* besiegt und die Spanier hätten die Indianer überwunden; nun sei aber die Zeit der Weltenwende gekommen, und diesmal würden Gott und die Spanier unterliegen, letztere alle sterben; ihre

Städte würden überschwemmt werden, das Meer ansteigen und sie ertränken, damit nichts von ihnen übrigbleibe.

Je nach Zusammenhang können die *wakas*, denen wir auf Schritt und Tritt begegnen, irgendwie bemerkenswerte Stellen des natürlichen Kosmos (Berge, Flüsse, Bäume, Steine, auch Grabstätten der Vorfahren), dort errichtete Heiligtümer oder Opferstätten, anthropomorphe oder zoomorphe Darstellungen der entsprechenden Kräfte oder auch deren Priester bezeichnen. Als Koordinaten einer kosmos- und traditionsverbundenen Bauernreligion existieren sie unter neuen Namen *(apu, wamani, auki)* bis auf den heutigen Tag, wobei die «Götzen» meist verschwunden und durch stellvertretende Heiligendarstellungen ersetzt worden sind.

Im Tanzkranken-Prozeß spielen alle Angeklagten auf einen «Umschwung» an, auf eine Wende der Zeiten und der Welten. Schon in früheren Epochen bestand dieser Glaube an zyklische Welten- und Zeitenwenden *(pacha-kutiy)*, der auf die wiederholten Naturkatastrophen des Andengebiets – Erdbeben, Überschwemmungen, Trockenheit – zurückgeführt wird. Der «Umschwung» manifestiert sich jeweils in tiefschürfenden politisch-wirtschaftlichen Veränderungen. Der Beginn der Inkaherrschaft wie auch der Einbruch der Spanier waren als derartige Wenden interpretiert worden. Die Tanzkranken kündigen nun das Ende der «Welt» oder der «Zeit» der Spanier an. Von den Indianern erwarten sie eine vollständige Abkehr von europäischem Gedankengut und Gehabe; sie untersagen den Verkehr mit den Europäern. Die *Waka*-Religion muß aufs peinlichste beobachtet werden. Den Widerspenstigen blühen allerlei Strafen: sie werden «sterben, auf dem Kopf und mit den Füßen nach oben herumgehen», in Lamas und ähnliche Tiere verwandelt werden oder «den Kopf verlieren und in den Abgrund stürzen».

Der Kampf gegen die Ausländer war nicht nur eine heilige Pflicht, sondern schien auch im direkten Interesse aller Indianer zu liegen. Hatte man nicht, gewissen Gerüchten zufolge, aus Spanien Fett von Indianern bestellt, um damit eine bestimmte Krankheit zu heilen? (Besonders rotbärtige Europäer – den Indianern waren die roten Bärte mancher Spanier von Anfang an aufgefallen – kommen noch heute leicht in den Ruf, *Nakaq* oder «Halsabschneider» zum Zweck der Fettgewinnung zu sein – ich berichte das aus persönlicher Erfahrung.) Das nackte Leben also, nicht bloß die Unabhängigkeit, stand auf dem Spiel. Kurz, die Bewegung der «Tanzkranken», kombiniert mit den Verschwörungen Titu Kusis, war einmal mehr ein Versuch, einen vollständigen Umschwung zugunsten der Indianer herbeizuführen.
Mitte 1571 starb der herrschende Inka Titu Kusi Yupanki in Vilcabamba an einer plötzlich über ihn hereingebrochenen Krankheit. Der Verdacht seiner Getreuen fiel auf seinen Freund und Sekretär Martín de Pando sowie auf den Missionar Diego Ortiz. Die sprachlose und entfesselte Menge machte kurzen Prozeß: der Sekretär wurde gleich gelyncht, während der – unbeliebte – Mönch den Märtyrertod erlitt. Die Augustiner betrachten Ortiz als ihren ersten Märtyrer in Peru. Dem verstorbenen Titu Kusi folgte sein Bruder Tupaq Amaru als Inka nach. Der neue spanische Vizekönig Toledo hatte mittlerweile beschlossen, den Vilcabamba-Staat mit militärischer Gewalt zu unterwerfen. Die wachsende Nervosität der immer gut informierten Indianer von Vilcabamba schuf den immerhin nötigen Vorwand: die Brückenwächter von Chuquichaca, jeder spanischen Präsenz abgeneigt, töteten ohne Tupaq Amarus Wissen den zu neuen Verhandlungen eingetroffenen Atilano de Anaya, einen angesehenen Bürger von Cusco und ehemaligen Freund Titu Kusis. Kaum

darüber unterrichtet, schickte der energische Vizekönig unter dem Oberbefehl von Martín Hurtado de Arbieto eine der mächtigsten spanischen Armeen, die man bisher in Peru gesehen hatte. Mehrere hundert Soldaten fielen in Vilcabamba ein, das von seiner Bevölkerung bereits aufgegeben und zerstört worden war, um die Unterkunft und Versorgung der Spanier zu erschweren. In wochenlangen Suchexpeditionen, durch dichten Dschungel und über gefährliche Flüsse, folgten sie den Spuren des entschwundenen Inka Tupaq Amaru. Dank der Unterstützung einiger Urwaldstämme gelang es ihnen schließlich, dessen Oberbefehlshaber Wallpa Yupanki, dann Titu Kusis Sohn Quispe Titu und zuletzt den Inka selbst mit seiner schwangeren Frau aufzuspüren. Nach einem überstürzten, willkürlichen Prozeß wurden der Inka und zwei seiner Generäle in Cusco in spannungsgeladener Atmosphäre hingerichtet. So endete die Inkadynastie... nicht aber, wie die Spanier bald erkennen sollten, ihre tief in der Bevölkerung verwurzelten politischen und religiösen Prinzipien.

In den folgenden Jahrzehnten versuchten die Spanier, die einheimische Religion, die ihnen die gefährlichste Waffe der Indianer schien, auszumerzen. Der Erfolg war gering. So wurde zum Beispiel 1656 in San Pedro de Hacas (Erzbistum Lima) festgestellt, daß die alte Religion allgemein gültig und auch die Ausbildung der Priester bestens gewährleistet war. Die Prediger stellten sich bisweilen als Wiedergeburten alter mythologischer Helden vor, als *Waris*, Erfinder des Terrassenackerbaus. Sie machten sich über die «bemalten Hölzer» der christlichen Heiligenbilder lustig, riefen die alten Götter gegen die Unterdrücker auf und veranstalteten Fruchtbarkeitsriten, um das Aussterben des Volks zu verhindern. Wie die Verwalter des Inkareichs hielten sie eine «Buchhaltung» mittels ihrer *kipus:* dieses Instrument, mit dem dank farbiger

Knotenschnüre allerlei Daten chiffriert und gespeichert werden können, war den Spaniern immer ein Dorn im Auge gewesen – alle verfügbaren Exemplare hatten sie verbrannt.
Die großangelegten Indianeraufstände des 18. Jahrhunderts führten zwar keinen Umschwung zugunsten der Indianer herbei, ebneten aber den Kreolen den Weg zur Unabhängigkeit vom spanischen Mutterland. Der Ketschua-Indianer Santos Atawallpa, der sein Standquartier seit 1740 bei den *Campa*-Indianern in Hochamazonien aufgeschlagen hatte, ließ sich als Inka feiern und erhielt auch sogleich Zulauf von Indianern aus dem Hochland. Die Spanier mußten sogar Befestigungswerke bauen, um die Ketschuas vom Überlaufen zu Santos Atawallpa abzuhalten. Während mehr als zwanzig Jahren brach er regelmäßig ins Andengebiet ein, um dessen Bewohnern zu verkünden, «die Zeit der Spanier gehe zu Ende, seine eigene sei nun angebrochen». Er behauptete auch, er sei in der Lage, die Erde beben zu lassen und die Sonne in ihrem Lauf aufzuhalten – heutigen Erzählungen nach eine typische Eigenschaft des «Inkakönigs». Wie die letzten Inka zweihundert Jahre früher konnte er sein Urwaldreich den Spaniern gegenüber behaupten, die besetzten Gebiete aber nicht zurückerobern. Man weiß nicht, wie er gestorben ist. Die Legende erzählt, er sei von Ameisen aufgefressen worden.
José Gabriel Condorcanqui, genannt Tupac Amaru II., Kazike von Tungasuca (Cusco) und später Nachfahre Tupaq Amarus I., ist vor der Geschichte und im kollektiven Bewußtsein der größte Befreiungsheld der Anden geworden. Als Mitglied des mit den Spaniern zusammenarbeitenden Ketschua-Adels hatte er sicher nicht beabsichtigt, einen totalen Krieg gegen die Spanier zu entfesseln. Die Unmöglichkeit aber, der verschärften Ausbeutung der Indianer auf legalem Weg ein Ende zu machen, trieb ihn dazu, gegen die koloniale

Verwaltung und ihre Nutznießer, nicht aber gegen die spanische Krone, einen bewaffneten Kampf aufzunehmen. Auch einige Spanier und Kreolen gewährten ihm zunächst eine gewisse Unterstützung. Für die «gewöhnlichen» Indianer ging es aber eindeutig darum, mit den *Puka-kunkas*, den «Rotnacken», Schluß zu machen, und der Feldzug Tupac Amarus verwandelte sich zusehends in einen inkaischen Wiedereroberungskrieg, der in einer erneuten Belagerung Cuscos gipfelte. Einige Kaziken, denen es im kolonialen Peru nicht übel ging, blieben auf der Seite der Spanier. Der unter dem Druck der Volksmassen eigentlich unfreiwillig in die Rolle eines Inka hineingeschlitterte Tupac Amaru II. setzte korrupte Funktionäre ab und ersetzte sie durch andere, die gewillt waren, die alten Moralprinzipien zu verteidigen. Seine drei von den Inka inspirierten Gebote lauteten: «Stiehl nicht, lüge nicht, betrink dich nicht!» Aufgrund eines Verrats gelang es den Spaniern, Tupac Amaru festzunehmen, zu verurteilen und auf grausamste Weise hinzurichten: Im heutigen indianischen Bewußtsein fallen deswegen die ähnlichen Schicksale Atau Wallpas, Tupaq Amarus I. und Tupac Amarus II. zusammen. Bei der Hinrichtung Tupac Amarus II. waren die Spanier merkwürdigerweise nicht imstande, ihn mit vier Pferden in Stücke zu reißen; ein plötzlicher Regenguß unterbrach zudem das makabre Spektakel. Es ist daher nicht erstaunlich, daß die Indianer den Eindruck gewannen, der «Himmel und die Elemente» – wie es ein zeitgenössischer spanischer Berichterstatter ausdrückte – hätten sich mit Tupac Amaru verbündet. Sein Tod wurde mit Unglauben aufgenommen, und mehrere Monate später brachen Leute aus der Titicacasee-Gegend auf, um ihren vermeintlich gefangenen Inka zu befreien.

Gerade in jener Hochebene wurde der Kampf unter Führung

von Julián Apasa alias Tupac Catari aufs heftigste weitergeführt. Dieser Aymara-Indianer gab sich, vielleicht mit spöttischen Absichten, den Titel eines Vizekönigs. Das von ihm erlassene Verbot des Spanischen läßt aber an seinem Andennationalismus keinen Zweifel aufkommen. Seine Kriegstechnik war in hohem Grade «kosmisch»: die im heutigen Bolivien liegende Stadt Sorata beispielsweise nahm er ein, indem er sie mit dem in einer künstlichen Lagune angesammelten Wasser des Schneebergs Tipuani katastrophenartig überschwemmte. Bei der Belagerung von La Paz hatte er jedoch wenig Erfolg mit dem gleichen Rezept, das ja auch die Feldherren Manko Inkas in abgeschwächter Form 1536 vor Cusco ausprobiert hatten. Tupac Catari war das gleiche bittere Ende beschieden wie Tupac Amaru. Die Spanier, die immerhin monatelang gezittert hatten, verboten 1781 die Ketschua-Sprache, indianische Kleidung und alle Bräuche, die irgendwie ans Inkareich erinnern konnten.

Das Trauma dieser Niederlage hinderte die Indianer nicht, ihren Kampf im 19. und 20. Jahrhundert auf meist regionaler Ebene weiterzuführen. Schon 1814/15 führten die Brüder Angulo und Pumacahua, ein ehemaliger Widersacher Tupac Amarus, einen massiven Aufstand gegen die Kopfsteuer an. Während der Unabhängigkeitskriege – etwa 1811 bis 1824 – standen zwar die Indianer auf der Seite der Patrioten, beriefen sich aber auch hin und wieder auf den «Inka».

Die Republik verbesserte die Lage der Andenbauern keineswegs, und wenige Jahrzehnte nach ihrer Proklamation beginnt eine längere Reihe von Aufständen, von denen ich nur wenige erwähnen kann: 1867 in Huancané (Titicacasee), 1885 in Huaraz (Nordperu) unter Atushparia und dem Bergwerkarbeiter Uchku Pedro («Loch-Peter»). Während des Kriegs zwischen Peru und Chile (1879–1884), der auf peruanischem Territorium ausgefochten wurde, retteten die indianischen Bataillone die angeschlagene militärische Ehre des «Vaterlandes», verfolgten aber auch ihre eigenen Ziele, nämlich die Wiedereroberung der ihnen von den Großgrundbesitzern, den *Gamonales*, entwendeten Ländereien. In den ersten Jahrzehnten unseres Jahrhunderts brechen nicht wenige messianisch angehauchte Aufstände aus. Unter dem Namen Rumi Maqui («Steinerne Hand») leitet ein ehemaliger Major eine Erhebung in die Wege, deren erklärtes Ziel die Restauration des *Tawantin-Suyu* ist. Ein Ketschua-Schmähgesang von 1921 steckt die damaligen Fronten klar ab:

> Hör mich an, du Räuber, du Dieb,
> heut werd' ich dich töten, *carajo!* [spanisches Schimpfwort]
> Warum bist du in unsere Häuser eingebrochen,
> in unser Dorf, *carajo?*
> Wem von uns fiele es ein, in eure Häuser,
> in eure Dörfer zu gehen?
> Ihr werdet nicht mehr sagen können: *Carajo!*
> Heut sollst du wie früher
> vor mir niederknien und mir dienen!
> Vom heutigen Tag an, *carajo,*
> nimmt das ein Ende.
> Vergessen mußt du alles.
> Ihr Diebe, Gesindel, wo sind unsere Äcker?
> Wo sind unsere Haustiere, ihr Diebe, Hunde, *Mistis?*
> Heut werdet ihr durch unsere Hände sterben.
> Heut sind wir nicht mehr wie früher.
> Wir träumen, wir schlafen nicht mehr.
> Heut wachen wir erst richtig auf, *carajo!*
> (Aus dem Ketschua von Martin Lienhard)

Die Fronten sind starr: hier «wir», dort die *Mistis* – von *mestizo* abgeleitet, bezeichnet dieses Wort heute generell die Mitglieder der herrschenden Klasse in den Anden Mittel-

und Südperus. Einmal mehr pochen die Indianer auf ihr Wiedererwachen, auf den «Zeitenwandel».
Seither sind mehr als fünfzig Jahre verstrichen. Kein Inka ist in all diesen Jahrzehnten ausgerufen worden, kein «Umschwung» hat stattgefunden. Millionen von Andenbauern sind an die Küste abgewandert, während die westlich-kapitalistische Welt auf vielfältige Weise in die Andendörfer vorgedrungen ist. Der Gegensatz zwischen Indianern und *Mistis* besteht im Andengebiet zwar weiter, hat sich aber teilweise verlagert – ein Teil der *Mistis* ist verarmt: sein Stellenwert wird seit etwa zwanzig Jahren weniger hoch eingeschätzt. Die Küste und ganz besonders die «Tausend-Dörfer-Stadt» Lima ist zum Schwerpunkt des ganzen politischen und wirtschaftlichen Lebens geworden.
Seit 1980 ist das südliche Andengebiet – vor allem das Departement Ayacucho – wieder Schauplatz eines blutigen Krieges. Der sich maoistisch nennenden Guerillaorganisation *Sendero luminoso* («Leuchtender Pfad») ist es offenbar gelungen, Gruppen verarmter Andenbauern zu einem Kampf gegen die *Mistis,* die Städter, die «Anderen» zu mobilisieren. Die Ideologen und Anführer dieses mit traditionellen Waffen gegen das Eindringen der modernen kapitalistischen Welt gerichteten Kampfes scheinen, soweit dies bekannt ist, meist ketschuasprechende *Mistis* mit Hochschulbildung zu sein. Es ist schwierig abzuschätzen, inwieweit der beiderseits grausame Kampf – dessen Opfer beinahe ausschließlich die Andenbauern selbst sind – auf ein neues Aufflackern des messianischen Glaubens an eine mögliche Restauration der alten Ordnung hinweisen könnte. Nur eines ist sicher: die vor mehr als vierhundert Jahren durch die Kolonisation geschaffene explosive Lage ist weit davon entfernt, überwunden zu sein.

Martin Lienhard

Anhang

Anmerkungen des Herausgebers

[1] 1 Meile = 5,57 km. Die angegebenen Distanzen entsprechen der Wirklichkeit: dank ihres Straßen-, Transport- und Postsystems waren die Inka sehr distanzbewußt.

[2] Für den spanischen Leser übersetzen der oder die Verfasser des Berichts die aus dem Ketschua stammenden Fremdwörter; ein Glossar findet sich auf Seite 170.

[3] Im Sittenkodex der Inka wurde, neben dem Stehlen und dem Faulenzen, das Lügen als eine der schlimmsten Untugenden geahndet. Überführte Lügner wurden, wie Guaman Poma de Ayala berichtet, mit zwanzig Peitschenhieben bestraft.

[4] Diese Namen, historisch nicht belegt und sozusagen frei erfunden, beweisen immerhin das mangelnde Interesse, das die mündliche Überlieferung, Titu Kusis einzige Quelle, den spanischen Individuen entgegenbringt.

[5] Ketschua-Neologismus: *machu* bedeutet «alt, groß», während *capitu* offenbar eine abgewandelte Form von spanisch *capitán,* «Hauptmann», ist.

[6] Die zugrundeliegende Gewichtseinheit ist der spanische *peso.* 1 *peso* = 4,55 g. Nach offiziellen spanischen Quellen wog das Lösegeld für Atau Wallpa 1 326 539 *pesos* Gold und 51 610 *pesos* Silber. Zählt man die zahlreichen Geschenke dazu, ist das angegebene Gewicht annähernd richtig.

[7] Neben dem Kreuz war dieser berüchtigte Pfahl (spanisch *picote*) in den eroberten Städten das Hauptsymbol spanischer Macht. Er diente zur Hinrichtung von Verbrechern, Aufständischen usw.

[8] Diese Zahl ist sicher übertrieben. Titu Kusi will damit die Macht seines Vaters und die den Spaniern geleistete Unterstützung im Krieg gegen die Generäle Atau Wallpas unterstreichen. Die Spanier scheinen hier die Rolle von Hilfstruppen im Dienste des Inka zu spielen.

[9] Das Rangabzeichen des regierenden Inka war keine Krone, sondern eine Art Quaste *(maskapaycha),* die das Stirnband *(llautu)* verzierte. Die Beschreibung ist also offensichtlich auf den Geschmack des Lesers, Philipps II. von Spanien, zugeschnitten...

[10] Bei gewissen festlichen Anlässen (Ernte- oder Siegesriten) pflegte der Inka mit seiner ganzen Sippschaft, den Würdenträgern aller Landesteile

und den gewöhnlichen Leuten mitten auf dem Platz zu speisen. Bei Siegesfesten wurden, wie aus einer Beschreibung des – von Titu Kusi am Schluß erwähnten – Chronisten Juan de Betanzos hervorgeht, in einem großen politisch-religiösen Ritus, unter Einbezug von Trank, Tanz, Rezitativ und Hymnengesang, die ruhmreichen Taten wieder aufgerollt. Ohne näher darauf einzugehen, sei bemerkt, daß die heutigen dörflichen Festlichkeiten der Ketschua viele derartige Elemente bewahrt haben.

[11] In Wirklichkeit hatten sich die Spanier ihre Häuser selbst ausgesucht und alle Paläste der früheren Inka, die sich um den Hauptplatz Aucay-pata gruppierten, besetzt: Francisco Pizarro wohnte in der Casana, dem Palast des Inka Pachakutiq, Juan und Gonzalo in Gebäuden Wayna Qapaqs, Almagro im eben gebauten Palast Waskar Inkas. Der große Palast Wayna Qapaqs fiel Hernando de Soto und Hernando Pizarro zu. Schon am 23. März 1534 wurde Cusco als spanische Stadt «gegründet», vier Monate nach dem spanischen Einmarsch, was Titu Kusi verschweigt.

[12] Vermutlich Vinchos südwestlich von Ayacucho oder Huamanga.

[13] *Bohío* (Hütte), wie gleich danach *galpón* (Halle), gehören zu den Wörtern karibischen oder mittelamerikanischen Ursprungs, die die Spanier vom ersten Tag an assimiliert hatten, damit sie «exotische» Dinge direkt bezeichnen konnten. Auch zu dieser Wortgruppe gehört das den *Arawak* (Antillen) entlehnte Wort *hamaca*, das auf deutsch «Hängematte» ergeben hat: wir sind ihm schon begegnet.

[14] Der Beginn dieser Rede, eigentlich dieses «Chors», erinnert ausdrucks- und stimmungsmäßig an die bis heute vorgetragenen Ritualgesänge der Ketschua: die *qarawis*. Wie an anderen Stellen scheint hier der mündliche Ketschua-Text durch die spanische Fassung hindurch.

[15] Schon Mitte 1533 war Hernando Pizarro, Franciscos Bruder, nach Spanien abgereist, um dem Kaiser ein Fünftel vom Lösegeld Atau Wallpas zu überbringen.

[16] Der von Titu Kusi gefeierte «geniale» Schachzug seines Vaters wirkt heute befremdend: er scheint auf eine gewisse Frauenverachtung hinzuweisen. In Wirklichkeit lacht Titu Kusi aber über die Dummheit der Spanier, nicht über das traurige Schicksal der Prinzessin; im 4. «Akt» beschreibt er dann mitfühlend den heroischen Widerstand der Qoya gegen die lüsternen Spanier. Es kann allerdings nicht übersehen werden, daß hier der freie Wille eines Menschen, der noch kein «Individuum» im europäischen Sinne ist, den höheren Interessen des Staates geopfert wird.

[17] Der typische Ausdruck spanischer Gastfreundschaft, «dies ist dein Haus»

(ésta es tu casa), tönt recht zynisch im Munde eines Eroberers, der das von ihm beschlagnahmte Haus seinem rechtmäßigen Besitzer zur Verfügung stellt. Wie früher erwähnt (Anmerkung 11), wohnte Gonzalo Pizarro in einem Palast, der Manko Inkas Vater gehört hatte.

[18] Francisco Pizarro weilte tatsächlich zur Gründung Limas an der Pazifikküste und war also an diesen Vorfällen nicht direkt beteiligt; seine moralische Verantwortung kann aber nicht aus der Welt geschafft werden. Titu Kusi geht es hier offenbar darum, den ohnehin schon seit 1541 toten Marquis reinzuwaschen, um dessen Brüder in einem um so schieferen Licht erscheinen zu lassen.

[19] Es scheint sich hier um einen «Versprecher» des Erzählers zu handeln, den der Schreiber mechanisch aufgezeichnet hat. Man kann dies als Hinweis auf die ziemlich spontane Produktion des Textes deuten.

[20] Es geht hier um das alljährliche große Initiationsfest des *warakuy* oder *warachikuy* («sich einen Lendenschurz oder eine Hose zur Verhüllung der Genitalien anziehen»), das im Monat *ayamarqay killa* («Monat des Totentragens»: November) stattfand. Bei dieser Gelegenheit wurden den angehenden Inkaaristokraten die Ohrläppchen durchbohrt, damit die Ohrpflöcke, ihr Statussymbol, angebracht werden konnten. Zuvor mußten sie eine Fastenperiode und dann verschiedene rituelle Kämpfe bestehen: dieser kriegerische Aspekt der Zeremonie erklärt vielleicht zum Teil die von Titu Kusi geschilderten Vorfälle.

[21] Mehrere den Indianern wohlgesinnte Chronisten betonen den angeblich christlichen Grundton der Ketschua-Kultur, um sie in den Augen der Spanier aufzuwerten und gleichzeitig die spanischen «Verdienste» zu schmälern.

[22] Im schon zerfallenden Reich Manko Inkas scheint Kisu Yupanki, ein Mitglied der dynastischen Familie, die Rolle des «Herrn über *Chinchay-Suyu*» zu spielen. Diese sich von Cusco bis ins heutige Südkolumbien erstreckende Zone war seit jeher als wirtschaftlich und demographisch reichstes Gebiet des Staates betrachtet worden. Das «Vierzonenreich» wurde eigentlich von der Achse *Chinchay-Suyu – Kolla-Suyu* (dem die Inka selbst entstammten) beherrscht. Bevor Kisu Yupanki in Lima fiel, war es ihm gelungen, sämtliche von Lima aus zur Unterstützung der in Cusco eingeschlossenen Spanier gesandten Truppen vollständig aufzureiben: rein militärisch war sein Feldzug entschieden erfolgreicher als die Belagerung Cuscos.

[23] Nur 190 waren die in Cusco belagerten Spanier, aber sie besaßen Pferde,

das gefährlichste Kampfmittel jener Zeit, und waren allesamt erfahrene Soldaten. Sie wurden überdies unterstützt von zahlreichen indianischen Kriegern, bei denen sich die berüchtigten *Cañari*-Bogenschützen aus dem südlichen Ecuador besonders hervortaten. Die Neger dürften nicht sehr zahlreich gewesen sein, aber sie zogen die Aufmerksamkeit der Indianer auf sich. Mankos Scharen waren vermutlich 100000 bis 200000 meist einfache Bauern, die nebenbei ihre Felder zu bestellen hatten.

[24] Der Gott der Spanier, *Dios*. Für die Indianer ist *Dios* auch heute nicht Gott schlechthin, sondern der Gott der «Fremden». In diesem Text wird der spanische Gott aus Unachtsamkeit da und dort mit *Wiraqocha* bezeichnet.

[25] Die Spanier selbst haben zur Verbreitung dieser Legende beigetragen und dem Pferd als Reiter ihren «Kriegsgott», nämlich den heiligen Jakobus (Santiago), zugesellt: so hat Guaman Poma de Ayala dieses Wunder bildlich festgehalten.

[26] Die versuchte Eroberung Limas war wegen des für die Indianer ungünstigen offenen Geländes (Pferde!) gescheitert, trotz Kisu Yupankis geschickter Kriegführung.

[27] Dieser kühne Entschluß Manko Inkas bedeutet nicht mehr und nicht weniger als die Aufgabe des *Tawantin-Suyu* und den Versuch eines Neubeginns unter kurz zuvor unvorstellbaren Umständen: die Inka hatten sich bei den *Anti* nie besonders heimisch gefühlt.

[28] Dieser und die folgenden Abschnitte, in denen von der vorgesehenen Rückkehr des – oder der – Inka die Rede ist, können sozusagen als offizielle Einladung zu einer «messianischen» Weltanschauung angesehen werden; heute noch spricht eine weitverbreitete mythische Erzählung von der Rückkehr des *Inkarrí* – des Inkakönigs.

[29] Nach anderen Quellen *Onqoy*. Während Oronqoy in der Provinz La Mar (Ayacucho) hoch über den Flüssen Apurímac und Pampas liegt, befindet sich Onqoy fast genau gegenüber, jenseits des Pampas, in der Provinz Andahuaylas (Apurímac).

[30] Um die Spanier zu bekämpfen, europäisierte Manko Inka bis zu einem gewissen Grade seine Kampfmittel und setzte Pferde, Feuerwaffen, ja Artillerie ein. Am wirksamsten blieben aber die herkömmlichen Mittel: die Ausnutzung des Geländes, das Überfluten von Landschaften, künstliche Felslawinen, Schleudern und Pfeilbogen, ein allgegenwärtiger Spionagedienst.

[31] Solcher Spott und Hohn gegenüber einer besiegten regionalen Gottheit

war vor der Ankunft der Spanier nicht gebräuchlich. Um Konflikte zu vermeiden, nahmen die Inka die *wakas* besiegter Völker oft in ihr eigenes System auf. Die hier geschilderte Haltung ähnelt eher jener, welche die Spanier der indianischen Religion gegenüber einzunehmen pflegten.

[32] Nach einem Bericht Pedro Pizarros, eines Neffen der Pizarro-Brüder, waren es 300 bestens trainierte und schwer bewaffnete spanische Soldaten; ihre indianischen, von Mankos Bruder Paullu befehligten Hilfstruppen waren sicher sehr viel zahlreicher.

[33] Alle diese ehemaligen Generäle Manko Inkas waren von den Spaniern in einer Reihe von Kämpfen, die Titu Kusi nicht schildert, außerhalb des Hauptschauplatzes gefangengenommen worden. Wie der Verlauf der Episode zeigt, ließen die Spanier sie eine unbequeme Geiselrolle spielen.

[34] Spanisch *herrón:* ein anscheinend von Europa aus über große Teile der Welt verbreitetes Geschicklichkeitsspiel, das darin besteht, mit einem Ring, einer Lochscheibe oder – in unserem Falle – einem Hufeisen einen Pflock aus einer gewissen Entfernung «einzufangen».

[35] Die betreffenden Spanier waren Anhänger von Pizarros Gegenspieler Almagro, dessen Rolle Titu Kusi verschweigt. Eines ihrer Verbrechen war nichts Geringeres als der Mord am Marquis Francisco Pizarro. Die beiden historischen Erbfeinde, der spanische Häuptling Pizarro und der einheimische Häuptling Manko, wurden also kurz nacheinander von den gleichen Händen ermordet.

[36] Eigentlich scheint Manko Inka den Thron dem auch minderjährigen Sayri Tupaq überlassen zu haben, aber einige Onkel übernahmen die Regentschaft, und der eher schwache Sayri Tupaq ergab sich 1557 – vielleicht auf Wunsch seines wenig älteren Bruders Titu Kusi – den Spaniern. Von 1560 an war Titu Kusi offizieller Herrscher des Inkastaates von Vilcabamba.

[37] Juan Sierra de Leguizamo, Sohn des spanischen Eroberers Mancio Sierra de Leguizamo. Seine Mutter war Doña Beatriz Wayllas Ñusta, eine Tochter des Inka Wayna Qapaq. Titu Kusi und Juan Sierra stammten also väterlicher- bzw. mütterlicherseits vom gleichen Großvater ab.

[38] Juan Polo de Ondegardo (gestorben 1574), *Corregidor* in Cusco von 1558 bis 1561 und ab 1571. Verfasser mehrerer juristischer Schriften über Religion und Brauchtum der Inka.

[39] Der Dolmetscher und Chronist Juan de Betanzos (gestorben 1576), ein ziemlich unvoreingenommener Kenner der Ketschua-Kultur, war mit Atau Wallpas Tochter Angelina Añas Yupanki verheiratet; er besaß auch

das Vertrauen der indianischen Gesprächspartner. Verfasser einer *Suma y narración de los Incas (1551)*.

[40] Der *Oidor* Juan de Matienzo traf 1565 Titu Kusi Yupanki bei der Chuquichaca-Brücke. 1567 verfaßte er sein wichtiges politisches Werk *Gobierno del Perú*, wo er eine diplomatische Lösung des Vilcabamba-Problems verteidigt.

[41] Atilano de Anaya war ein reicher, angesehener Bürger von Cusco. Nach Vilcabamba begab er sich als Vormund von Doña Beatriz, der minderjährigen Tochter Sayri Tupaqs, die dank der Kapitulation ihres nun verstorbenen Vaters im spanischen Peru über riesigen Landbesitz verfügte. Als Bedingung zu seiner eigenen Kapitulation, die er vielleicht nie ernsthaft ins Auge gefaßt hatte, nannte Titu Kusi unter anderem die Heirat seines Sohnes Quispe Titu mit dieser reichen Erbin. Atilano de Anaya wurde 1572 von den Bewachungstruppen Tupaq Amarus, des letzten Inka, umgebracht.

[42] Es ist bemerkenswert, daß Titu Kusi den christlichen Kalender erst vom Zeitpunkt seiner Taufe an, nicht aber rückwirkend verwendet.

[43] Eine unter diesem Namen unbekannte, offensichtlich getaufte und in Cusco lebende Inkadame.

[44] Marcos García, der Übersetzer der Erzählung Titu Kusis.

Glossar

(die aufgeführten Wörter gehören, wenn nicht anders vermerkt, dem *runa simi* – Ketschua – an)

Anti: Bewohner der subtropischen östlichen Andenabhänge, besonders die der *Arawak*-Sprachgruppe zugehörigen heutigen *Campa, Matsigenka, Mashko.* Von «Anti» sind die Anden abgeleitet

Anti-Suyu: Zone der *Anti* innerhalb des «Vierzonenreichs» der Inka; östliche Andenabhänge, Amazonasgebiet

Apu, Plural *apukuna:* Herr, Oberhaupt, Fürst; heute: Titel der als Gottheiten verstandenen Berge, «reich»

Audiencia (spanisch): hohes Gericht, Kontrollinstanz der spanischen Krone

Auki: Fürst, Titel der als Gottheiten betrachteten Berge

Bohío (taíno, Haiti): Haus, Hütte

Campa: sprachlich der *Arawak*-Gruppe zugehöriges Volk des *Anti-Suyu*

Cañari: Volk von Bogenschützen aus dem heutigen südlichen Ecuador, verwandt mit den *Chimú* (Nordküste Peru)

Chachapoya: Volk der östlichen Andenabhänge, Nordperu; Hauptstadt Rawantu (heute Levanto, bei Chachapoyas)

Chakra: Acker, Saatfeld

Chicha (Mittelamerika): in allen Riten gegenwärtiges vergorenes Getränk aus Maiskeimen (ketschua *aqa, aswa*)

Chinchay-Suyu: nordwestliche Zone des «Vierzonenreichs» der Inka, abgeleitet von der Küstenstadt Chincha. Umfaßte heutigen Kriterien nach Mittel- und Nordperu, Ecuador, Südkolumbien

Corregidor (spanisch): hohe städtische Amtsperson, Richter, Polizeichef

Galpón (Mittelamerika): Halle

Gamonal (Etymologie unklar): halbfeudaler Großgrundbesitzer

Hatun: groß. *Hatun Wiraqocha:* siehe *Wiraqocha*

Hu: beipflichtender Ausruf. *Hu Sapay Inka:* Recht so, mein *Sapay Inka*

Illapa: Blitz, Donner; Bezeichnung für europäische Schußwaffen

Inkill: Blume, auch weiblicher und männlicher Name

Kamarikuq: rituelle Gabe, Geschenk, Beitrag

Kipu: Knotenschnüre zur Datenspeicherung

Kolla-Suyu: südliche Zone des «Vierzonenreichs» der Inka; umfaßte die von den *Aymara* bewohnte Ebene des Titicacasees, das heutige Bolivien, Nordwestargentinien, Chile

Kunti-Suyu: südwestliche Zone des «Vierzonenreichs» der Inka; umfaßte Arequipa und Teile von Ayacucho

Llama: Lama

Machu capitu: Titel oder Spitzname Francisco Pizarros bei den Indianern; Neologismus aus *Machu* (alt, groß) und spanisch *capitán* (Hauptmann): «alter (oder großer) Hauptmann»

Maskapaycha: am Stirnband *(llautu)* befestigte Quaste, Zeichen der Herrschergewalt

Misti: abgeleitet von spanisch *mestizo,* Mestize; Nichtindianer, Mitglied der herrschenden Klasse; kulturell angeglichen

Mocha: eine Art Luftkuß – eine politisch-religiöse Ehrfurchtsbezeugung

Muyu-muyu: angeblich menschenfressende Gruppe aus dem *Anti-Suyu*

Nakaq: Halsabschneider; legendäres bösartiges Wesen, das alleinreisenden Personen die Gurgel aufschneidet; trägt spanische Züge

Oidor (spanisch): Auditor, Minister einer *audiencia*

Pacha: Erde, Welt, Zeit (Epoche)

Pacha-kamaq: Weltschöpfer, Weltordner, Gottheit des *Chinchay-Suyu,* verehrt in einem Küstenheiligtum südlich von Lima
Pacha-kutiy: periodische Welten- und Zeitenwende
Pacha-mama: Erdmutter; wird in vielen Bauernriten angesprochen
Pampa: Ebene, Fläche, Platz
Pillkosuni: mit den Inka verbündetes Volk des *Anti-Suyu*
Puka-kunka: «Rotnacken», Spitzname der Spanier im 18. Jahrhundert
Punchau: Tag, Helligkeit; in Vilcabamba verehrte Sonnengottheit
Qapaq: Titel der Inkaherrscher, «mächtig»
Qarawi: Ritualgesang der Ketschua (Gemeinschaftsarbeit, Hochzeit, Tod usw.)
Qellqa: Zeichnung, Relief, Schrift
Sapay Inka: «mein einziger Inka» (Anrede)
Sati: Gruppe von Bewohnern des *Anti-Suyu*
Supay: bösartiger Geist; daraus – unter katholischem Einfluß – «Teufel»
Suyu: Streifen, Strich, Zone, (Himmels-)Richtung, Viertel des «Vierzonenreichs» der Inka
Taki onqoy: wörtlich «Tanz-», «Musikkrankheit»; spanienfeindliche messianische Bewegung zur Zeit Titu Kusis (Ayacucho)
Tallana: Volk der Küstenzone, Nordperu (Piura)
Tawantin-Suyu: «das-mit-den-vier-Zonen», das «Vierzonenreich» der Inka, dessen Zentrum Cusco war
Teqsi Wiraqocha: Gottheit des Ursprungs; siehe auch *Wiraqocha*
Tumi: Opfer- und Häutemesser, dessen Klinge in einem liegenden Halbmond endet
Usnu: pyramidenartige künstliche Erhöhung, Ritualthron des Inka
Uywa: Haustier
Waka: bemerkenswerter und verehrter Ort oder Gegenstand des Naturkosmos (Berg, Fluß, Pflanze, Geschöpf, Grabstätte von Vorfahren); dessen anthropomorphe oder zoomorphe Darstellung; ein ihm gewidmetes Heiligtum, eine Opferstätte
Wamani: eine der heutigen Bezeichnungen für die heutigen *waka*
Wanka: großes, im Mantaro-Tal lebendes, traditionell mit Cusco rivalisierendes kriegerisches Volk
Warakuq: Teilnehmer am Initiationsritus des *wara(chi)kuy* (sich eine *wara* – Lendenschurz oder Hose – umbinden). Siehe Anmerkung 19
Willaq Umu: «sprechender Priester», Oberpriester des *Tawantin-Suyu,* höchster Würdenträger nach dem Inka selbst

Willka: mythischer Vorfahre, Sippschaft; heilig; Heiligtum *(waka)*

Wiraqocha: wörtlich «Fettlagune»; Name des Schöpfergottes der Inka, der Gottheit *Pacha-kamaq* des *Chinchay-Suyu* vergleichbar; auch *Hatun Wiraqocha* (großer W.) und *Teqsi Wiraqocha* (W. des Ursprungs). Kolonialzeit: «Herr» (Anrede für Spanier und Respektspersonen)

Yana, Plural *yanakuna:* wörtlich «schwarz»; Bedienstete einer Machtperson, eines Heiligtums

Yauri: große Nadel, Zepter

Yunka, yunga: tiefliegende, tropische oder subtropische Täler, Küstengebiete; deren Bewohner

Literatur

1. Werke erwähnter zeitgenössischer Chronisten

Betanzos, Juan de: *Suma y narración de los Incas* (1551). Crónicas peruanas de interés indígena, Madrid, Atlas, Biblioteca de Autores Españoles no. 209, S. 1–56

Matienzo, Juan de: *Gobierno del Perú* (1567). Paris-Lima 1967

Pizarro, Pedro: *Relación del descubrimiento y conquista de los reinos del Perú* (1571). Crónicas del Perú, V, Madrid, Atlas, Biblioteca de Autores Españoles no. 168, S. 159–242

Polo de Ondegardo, Juan: *Instrucción contra las ceremonias y ritos...* (1567). Colección de libros y documentos referentes a la Historia del Perú, serie 1, t. III, Lima 1916

Poma de Ayala, Felipe Guaman: *El primer nueva corónica y buen gobierno* (1614). Paris 1936

2. Ethnologisch-historische Ergänzungswerke

Hemming, John: *The Conquest of the Incas.* London, Penguin, 1983

Métraux, Alfred: *Les Incas.* Paris, Seuil, 1983

Wachtel, Nathan: *La vision des vaincus.* Paris, Gallimard, 1971

Vergleichende Zeittafel

Andengebiet

ca. 1200 Die Inka gründen Cusco, Hauptstadt des Tawantin-Suyu

1200–1438 Zeit der acht «halblegendären» Inka

1438–1471 Pachakutiq Inka Yupanki

1471–1493 Tupa Inka Yupanki

1493–1527 Wayna Qapaq

1527 Pizarro erreicht Tumbes (Nordperu)

1528–1533 Atau Wallpa und sein Bruder Waskar Inka kämpfen um den Inkathron

1532 Pizarro in Cajamarca

1533 Der gefangene Atau Wallpa läßt Waskar töten

1533 29. August: Hinrichtung Atau Wallpas durch die Spanier

1533 15. November: Pizarro in Cusco

1536/1537 Indianischer Aufstand: Manko Inka belagert Cusco

Spanien und europäischer Kolonialismus

1085 Das 932 gegründete Königreich Kastilien erobert das maurische Toledo

1291 Marco Polo aus China zurück

1454 Der Papst spricht Portugal die afrikanische Westküste zu

1478 Gründung der Heiligen Inquisition

1479 Die katholischen Könige vereinigen Kastilien und Aragón

1492 Fall von Granada. Kolumbus erreicht die Antillen

1500 Alvares Cabral in Brasilien

1519–1556 Karl V. Kaiser

1519–1525 Cortés erobert Mexiko

1525–1526 Karl V. bekämpft Reste maurischer Kultur in Spanien

1534 Jacques Cartier erreicht Kanada

1535 Gonzalo Fernández de Oviedo veröffentlicht sein enzyklopädisches Geschichtswerk über Amerika

1537 Manko gründet neuen Inkastaat in Vilcabamba	
1537–1553 Bürgerkrieg zwischen spanischen Conquistadores	1538 Der Dominikanerpater Francisco de Vitoria bestreitet das Recht Spaniens, Amerika besetzt zu halten
1544 Ermordung Manko Inkas durch spanische Gäste	1542 Unter dem Einfluß des Dominikanerpaters Bartolomé de Las Casas erläßt Spanien indianerfreundliche Gesetze
1557 Der Inka Sayri Tupaq ergibt sich den Spaniern	1556–1598 Philipp II. König von Spanien
1560–1571 Titu Kusi Yupanki regiert in Vilcabamba	1565 Maurenaufstand in Spanien
1571 Tupaq Amaru wird Inka	
1572 Die Spanier erobern Vilcabamba und richten Tupaq Amaru hin	

DIE NACHKOMMENSCHAFT DES INKA WAYNA QAPAQ

(nur in diesem Buch erwähnte Namen)

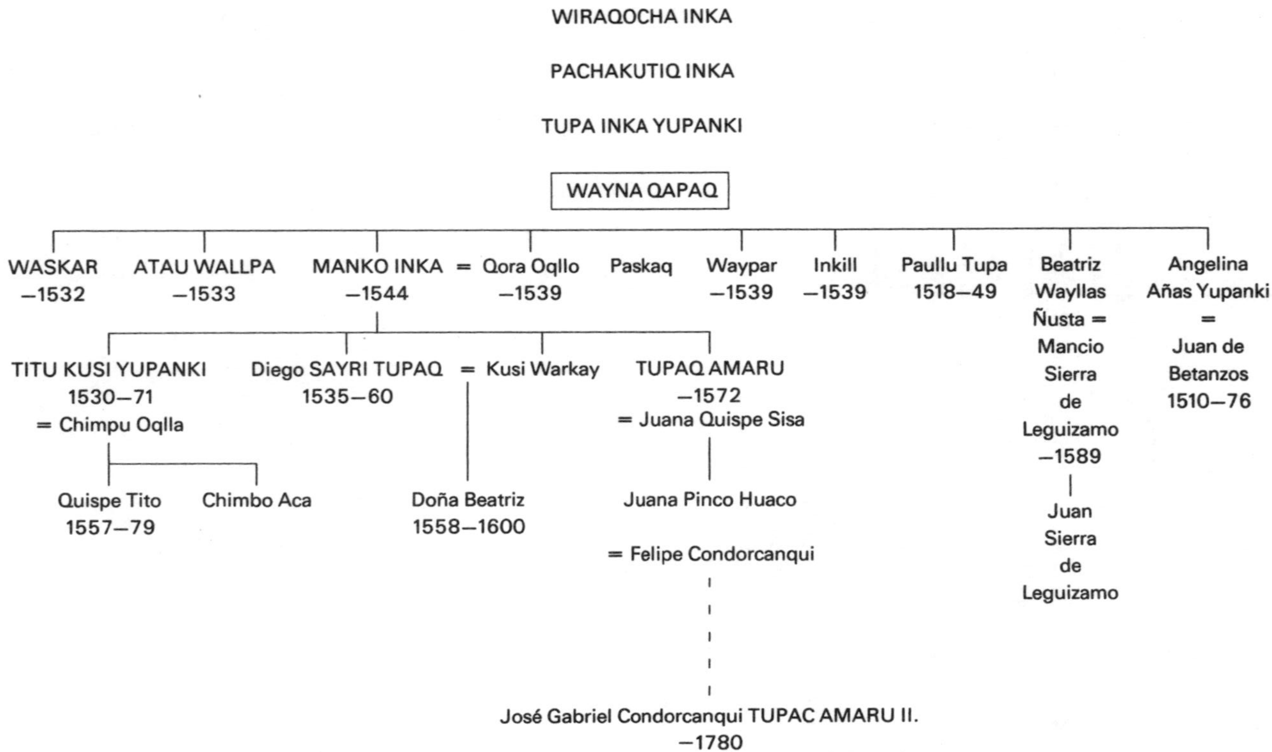